Gabriel Antoniu

L'approche JuxMem

Gabriel Antoniu

L'approche JuxMem

Contribution à la conception de services de partage de données pour les grilles de calcul

Éditions universitaires européennes

Mentions légales/ Imprint (applicable pour l'Allemagne seulement/ only for Germany)

Information bibliographique publiée par la Deutsche Nationalbibliothek: La Deutsche Nationalbibliothek inscrit cette publication à la Deutsche Nationalbibliografie; des données bibliographiques détaillées sont disponibles sur internet à l'adresse http://dnb.d-nb.de.
Toutes marques et noms de produits mentionnés dans ce livre demeurent sous la protection des marques, des marques déposées et des brevets, et sont des marques ou des marques déposées de leurs détenteurs respectifs. L'utilisation des marques, noms de produits, noms communs, noms commerciaux, descriptions de produits, etc, même sans qu'ils soient mentionnés de façon particulière dans ce livre ne signifie en aucune façon que ces noms peuvent être utilisés sans restriction à l'égard de la législation pour la protection des marques et des marques déposées et pourraient donc être utilisés par quiconque.

Photo de la couverture: www.ingimage.com

Editeur: Éditions universitaires européennes est une marque déposée de
Südwestdeutscher Verlag für Hochschulschriften GmbH & Co. KG
Dudweiler Landstr. 99, 66123 Sarrebruck, Allemagne
Téléphone +49 681 37 20 271-1, Fax +49 681 37 20 271-0
Email: info@editions-ue.com

Produit en Allemagne:
Schaltungsdienst Lange o.H.G., Berlin
Books on Demand GmbH, Norderstedt
Reha GmbH, Saarbrücken
Amazon Distribution GmbH, Leipzig
ISBN: 978-613-1-54782-9

Imprint (only for USA, GB)

Bibliographic information published by the Deutsche Nationalbibliothek: The Deutsche Nationalbibliothek lists this publication in the Deutsche Nationalbibliografie; detailed bibliographic data are available in the Internet at http://dnb.d-nb.de.
Any brand names and product names mentioned in this book are subject to trademark, brand or patent protection and are trademarks or registered trademarks of their respective holders. The use of brand names, product names, common names, trade names, product descriptions etc. even without a particular marking in this works is in no way to be construed to mean that such names may be regarded as unrestricted in respect of trademark and brand protection legislation and could thus be used by anyone.

Cover image: www.ingimage.com

Publisher: Éditions universitaires européennes is an imprint of the publishing house
Südwestdeutscher Verlag für Hochschulschriften GmbH & Co. KG
Dudweiler Landstr. 99, 66123 Saarbrücken, Germany
Phone +49 681 37 20 271-1, Fax +49 681 37 20 271-0
Email: info@editions-ue.com

Printed in the U.S.A.
Printed in the U.K. by (see last page)
ISBN: 978-613-1-54782-9

Table des matières

Résumé

Ce manuscrit décrit les travaux de recherche que nous avons mené pendant les six dernières années sur le thème du *partage transparent des données réparties à grande échelle*. L'infrastructure visée a été celle des grilles de calcul. Notre objectif a été de répondre à la question : comment serait-il possible de construire un système fournissant un modèle transparent d'accès aux données, tout en tenant compte des contraintes spécifiques aux infrastructures physiques utilisées (architecture hiérarchique, distribution à grande échelle, volatilité, tolérance aux défaillances, etc.) ? En réponse à ce défi, nous avons proposé le concept de *service de partage de données* pour grilles, pour lequel nous avons défini une spécification, une architecture et une mise en oeuvre.

Ce travail se situe à la frontière de plusieurs domaines : systèmes à mémoire virtuellement partagée, systèmes pair-à-pair, systèmes tolérants aux fautes. En nous appuyant sur des résultats déjà existants qui proposaient des solutions partielles à notre problème, notre approche a consisté à étendre, adapter et coupler ces solutions partielles et à rajouter les « briques » manquantes, afin de construire une solution globale, plus complexe, mais qui satisfasse l'ensemble des propriétés recherchées. Un résultat issu de cette approche est la notion de groupe hiérarchique auto-organisant, qui combine des protocoles de cohérence issus des systèmes à mémoire virtuellement partagée avec des protocoles de gestion de groupe tolérants aux fautes. Sur cette notion repose notre approche pour la définition de protocoles de cohérence tolérants aux fautes, adaptés aux grilles.

Nous avons attaché une importance particulière à la *validation expérimentale* de notre proposition par une mise en œuvre et par une évaluation sur des plates-formes réelles à travers des prototypes expérimentaux. Ceci nous a permis de réaliser des expériences multisites en grandeur nature sur la plate-forme Grid'5000, avec l'objectif d'évaluer les bénéfices apportés par notre service de partage de données aux environnements de calcul réparti sur grille. À cet effet, nous avons évalué la capacité de JUXMEM à s'intégrer avec plusieurs modèles de programmation pour grille d'une part (Grid-RPC, modèles à base de composants) et avec d'autres technologies de stockage d'autre part (Gfarm, ASSIST). Cette intégration a été réalisée en collaboration avec des équipes françaises, telles que les équipes-projets REGAL et GRAAL de l'INRIA, mais aussi avec des équipes étrangères des universités de Pise et de Calabre en Italie, d'Illinois/Urbana-Champaign aux États-Unis et de Tsukuba au Japon. Enfin, nous avons travaillé en étroite concertation avec l'équipe JXTA de Sun Microsystems (Santa Clara, États-Unis), qui a soutenu nos efforts à travers un contrat de collaboration industrielle.

Chapitre 1

Introduction

Ce document présente les activités de recherche que j'ai menées depuis l'obtention de mon doctorat en 2001. Ces activités se sont déroulées au laboratoire IRISA (Institut de Recherche en Informatique et Systèmes Aléatoires) de Rennes, où j'occupe un poste de chargé de recherche INRIA depuis 2002. Pendant ces années j'ai été membre de l'équipe-projet PARIS, dont les activités de recherche se concentrent sur la programmation des systèmes parallèles et distribués, avec l'objectif de faciliter la conception, la mise en oeuvre et l'exécution des applications de simulation numérique. Dans ce cadre, j'ai démarré, avec Luc Bougé, un axe de recherche focalisé sur la « gestion de données réparties à grande échelle ».

1.1 Contexte

1.1.1 Des systèmes à mémoire virtuellement partagée...

Durant ma thèse de doctorat à l'ENS Lyon, j'ai mené mes activités de recherche au Laboratoire de l'Informatique du Parallélisme (LIP) de l'ENS Lyon, au sein du projet ReMaP. Mes travaux de thèse se situaient dans le contexte du calcul parallèle hautes performances. Ils visaient à fournir un support exécutif efficace pour l'exploitation des grappes de stations de travail par les applications parallèles, tout en assurant un *accès transparent aux données*. J'ai proposé alors la notion de système *générique* de *mémoire virtuellement partagée* (MVP) pour les environnements de programmation *multithreads*. Alors que dans les systèmes MVP traditionnelles le(s) modèle(s) et le(s) protocole(s) de cohérence des données étaient considérées comme fixes et que, par conséquent, c'était au programmeur d'y adapter son application afin d'obtenir une exécution efficace, j'ai proposé une démarche différente, illustrée par une plate-forme générique d'implémentation et d'expérimentation appelée DSM-PM^2. Cette plate-forme permettait de développer et d'optimiser à la fois les applications distribuées et le(s) protocole(s) de cohérence de la MVP sous-jacente. Elle reposait sur l'environnement de programmation multithread distribué PM^2, développé au LIP (Lyon)[1] et fournissait les briques de base nécessaires pour implémenter et évaluer un large spectre de protocoles de cohérence multithreads dans un cadre unifié. La plate-forme a été validée alors par son utilisation en tant que cible d'un système de compilation Java pour des grappes de PC, appelé Hyperion, ce qui permettait à des applications Java multithreads de s'exécuter efficacement sur ces grappes, de manière totalement transparente, sans nécessiter aucune adaptation pour une exécution distribuée.

Ce travail restait néanmoins cantonné dans un périmètre délimité par les possibilités expérimentales : en effet, nous disposions alors au LIP d'une grappe de 16 machines PC interconnectées par plusieurs réseaux haut-débit/faible latence (Myrinet, SCI). Ce type d'infrastructure d'exécution était alors considéré comme représentatif et était utilisé à cette époque à des fins expérimentales par plusieurs équipes effectuant des recherches autour des supports d'exécution efficaces pour le calcul parallèle et réparti (et

---

[1]et dont le développement continue aujourd'hui à Bordeaux, au sein de l'équipe-projet RUNTIME

notamment autour des systèmes MVP). Ce fait n'était pas anodin, bien au contraire : l'existence de ce type d'infrastructure d'exécution a influencé de manière conséquente les recherches du domaine (y compris celles auxquelles j'ai contribué durant ma thèse), puisque cela fournissait « le » modèle d'exécution type pour les environnements de calcul parallèle à hautes performances. Un certain nombres d'hypothèses notamment – parfois explicites, mais souvent implicites – était alors faites lors de la conception d'intergiciels ou de protocoles. Prenons un exemple qui nous semble significatif : ces grappes étaient en général composées de quelques dizaines de nœuds, ce qui fournissait un objectif à viser en termes d'extensibilité des intergiciels. Les algorithmes et les protocoles étaient donc orientés (et souvent limités !) par cette échelle, que l'on pouvait atteindre dans la phase d'évaluation expérimentale. De plus, les nœuds constituant la grappe étaient supposées rester présents tout au long de l'exécution des applications et les défaillances étaient considérées rares...

1.1.2 ...vers un service de partage de données pour grilles

Alors que le coût de moins en moins élevé du matériel a permis d'augmenter la taille des grappes dans les centres de recherche, l'extensibilité des systèmes MVP à commencé à montrer ses limites : il devenait difficile d'obtenir des accélérations « raisonnables » en augmentant le nombre de nœuds... Ce phénomène s'est accentué encore plus lorsque l'on a souhaité utiliser comme support d'exécution des *grappes de grappes*, obtenues en interconnectant plusieurs grappes cohabitant au sein du même laboratoire, parfois situées dans la même salle, afin d'agréger la puissance de calcul disponible. Cet assemblage hiérarchique a clairement mis en avant la nécessité de prendre en compte la topologie réseau dans les modèles et algorithmes répartis utilisés, puisque le coût des messages ne pouvait plus être supposé uniforme, comme précédemment : les communications intra-grappe (via un réseau à hautes performance) était en général nettement moins coûteuses (en termes de latence, mais parfois aussi de bande passante) que les communications inter-grappes, qui utilisaient souvent des protocoles et des réseaux plus standard (TCP/Ethernet, par exemple). Dans le domaine des systèmes à MVP, il devenait alors intéressant d'explorer la possibilité d'exploiter efficacement cette topologie hiérarchique. Mon arrivée en stage post-doctoral dans l'équipe PARIS de l'IRISA s'est produite à ce moment-là et c'est dans ce contexte que je me suis intéressé au problème du passage à l'échelle des systèmes MVP, que j'ai abordé dans un premier temps à travers la conception de protocoles de cohérence *hiérarchiques* [15].

Mais la donne a véritablement changé avec l'avènement des « grilles de calcul », qui apportaient une nouvelle idée forte. Cette idée consistait à réunir en une infrastructure commune et partagée de très grandes capacités de calcul et de stockage, obtenues par l'agrégation et la mise en commun de ressources réparties au sein de plusieurs institutions (centres de recherche, universités, etc.). Le concept de grille de calcul (*computing grid*) propose à l'utilisateur une vision fondée sur l'analogie avec le réseau de distribution de l'électricité (*power grid*) : l'utilisateur branche son appareil et utilise la puissance électrique disponible sans savoir où le courant est produit et comment il arrive jusqu'à lui. De manière analogue, le but envisagé était de construire l'infrastructure logicielle permettant aux applications une utilisation *transparente* des ressources de calcul et de stockage. Alors que de nombreuses initiatives de ce type ont démarré dans plusieurs pays, une forte impulsion en ce sens a été donnée en France à travers le projet Grid'5000, qui visait la construction d'une grille expérimentale constituée comme une fédération de grappes réparties sur une dizaine de sites. L'implication de l'équipe-projet PARIS dans cette action m'a fourni une excellente opportunité d'élargir de manière significative mes recherches pour prendre en compte les nouveaux problèmes posés par ce changement d'échelle.

Le défi était de taille, car il s'agissait de fournir les mécanismes pour stocker et accéder efficacement et de manière *transparente* des données en tenant compte des caractéristiques de cette nouvelle infrastructure. Le défi était surtout de satisfaire trois contraintes contradictoires : 1) *le passage à l'échelle* des algorithmes, afin de pouvoir supporter efficacement une architecture à plusieurs milliers, voire dizaines de milliers de nœuds ; 2) *la tolérance à la volatilité et aux fautes* dues à l'indisponibilité volontaire ou involontaire des ressources ; 3) *la cohérence* des données répliquées, à mettre en œuvre par des protocoles revisités, adaptés à une architecture dynamique, à grande échelle.

1.2 Un système à mémoire virtuellement partagée pair-à-pair ?

Pour répondre à ce défi, mes recherches ont eu pour objectif la conception, la mise en œuvre et la validation expérimentale d'un *service de partage de données pour le calcul scientifique sur grille*, construit comme une approche hybride, basée sur les points forts de deux types de systèmes :

les systèmes à mémoire virtuellement partagée qui proposent des modèles et des protocoles de cohérence permettant la gestion efficace de données modifiables à petite échelle, en environnement stable ;

les systèmes pair-à-pair qui fournissent des mécanismes de gestion de données à très grande échelle, en environnement très volatile.

La nécessité de prendre en compte la volatilité des ressources dans une grille, ainsi que l'échelle visée suggéraient en effet qu'il pouvait être utile de s'intéresser aux systèmes pair-à-pair, qui avaient déjà prouvé leur bon comportement vis-à-vis de ces critères, mais dont l'application principale restait le partage de fichiers accessibles en lecture seule. Était-il possible de s'appuyer sur des techniques pair-à-pair pour fournir l'abstraction de la mémoire partagée sur ces nouvelles infrastructures qu'étaient les grilles ?

1.2.1 Proposition : un service de partage de données pour grille

Définition de l'architecture. La réponse s'est ainsi traduite par l'introduction du concept de *service de partage de données pour grilles* [9] comme un système qui construit les fonctionnalités d'une MVP en utilisant des mécanismes pair-à-pair [12]. L'essentiel de ce travail a été réalisé dans le cadre de la thèse de Mathieu Jan (2003 – 2006). Afin d'illustrer le concept proposé, nous avons mis en œuvre une plate-forme logicielle expérimentale, appelée JUXMEM [13, 10, 11]. Une analyse préliminaire nous a conduit à la décision d'utiliser la bibliothèque générique pair-à-pair JXTA (Sun Microsystems, USA, http://www.jxta.org/) comme support pour l'implémentation de JUXMEM. En effet, JXTA offre des briques génériques de base pour la gestion d'un service pair-à-pair : des mécanismes de gestion de groupes, des protocoles de découverte, des protocoles de communication inter-pairs, etc. Ces travaux de définition de la plate-forme JUXMEM ont été au centre du projet GDS (Grid Data Service) de l'ACI Masses de Données. Ce projet, dont j'ai été coordinateur, a regroupé les équipes-projets PARIS (IRISA-INRIA, Rennes), REGAL (LIP6-INRIA, Paris) et GRAAL (LIP-INRIA, Lyon) et a fourni un excellent cadre d'évaluation expérimentale du concept de service de partage de données que nous avons proposé. En effet, nous avons pu raffiner l'architecture du service et valider les différentes fonctionnalités par des expériences concrètes à grande échelle : ces expériences ont eu pour résultat l'utilisation de JUXMEM par l'environnement de calcul DIET développé par l'équipe-projet GRAAL.

Cohérence des données et tolérance aux fautes. Une fois l'architecture générale établie, un problème central devait être abordé : celui de la cohérence des données en environnement volatil. Quel serait le « bon » modèle de cohérence sur une grille et comment implémenter des protocoles de cohérence adaptés ? Pour aborder ce problème, l'idée a été de s'appuyer sur des algorithmes proposés dans le contexte des systèmes répartis tolérants aux fautes pour améliorer la disponibilité des entités critiques des protocoles de cohérence. Ce travail effectué durant la thèse de Sébastien Monnet (2003 – 2006) s'est également inscrit dans le cadre du projet GDS de l'ACI Masses de Données. Nos recherches se sont matérialisées par la proposition d'une architecture découplée, hiérarchique, permettant d'associer de manière conjointe des protocoles de cohérence issus du domaine des systèmes MVP avec des algorithmes de gestion de groupe tolérants aux fautes. Ces derniers ont été bien étudiés dans le cadre des travaux théoriques sur les systèmes distribués tolérants aux fautes ; nous les avons adaptés à une utilisation à plus grande échelle à travers une approche hiérarchique. Nous avons ainsi proposé la notion de groupe auto-organisant, hiérarchique, tolérant aux fautes [25, 22, 23, 24]. Par ailleurs, en collaboration avec l'Université d'Illinois à Urbana Champaign, nous avons étudié aussi une approche alternative pour la gestion de la cohérence au sein de groupes de copies de très grande taille en environnement dynamique, en utilisant des techniques probabilistes [98, 97].

1.2.2 Expérimentation et validation

Expérimentation et déploiement à grande échelle basé sur l'exploitation d'intergiciels pair-à-pair sur des grilles. Pour valider à grande échelle de notre service de partage de données nous avons choisi de nous appuyer sur l'expérimentation sur des plates-formes distribuées réelles, composées de plusieurs milliers de nœuds. En effet, une approche se limitant à des simulations serait loin d'être satisfaisante : la reproductibilité des résultats serait obtenue au prix de simplifications qui ne permettraient pas de prendre intégralement en compte la complexité et le non déterminisme inhérent à des exécutions sur des plates-formes hétérogènes, largement distribuées géographiquement. Ce contexte a mis en évidence le besoin d'*outils sophistiqués de déploiement et d'expérimentation à très grande échelle, pour des systèmes de type grille et P2P*. Dans une première étape réalisée dans le cadre de la thèse de Mathieu Jan, nous avons spécifié les fonctionnalités souhaitées [14] et leur implémentation partielle, en partant d'outil de base existant (projet JDF de Sun Microsystems, http://jdf.jxta.org/). Ensuite, la thèse de Loïc Cudennec (2005 – 2008) s'est pleinement focalisée sur le problème de la gestion transparente du déploiement des services et des applications sur grille. Ce travail prend en compte un contexte dynamique à la fois au niveau applicatif, résultat de l'évolution dynamique des besoins en ressources et au niveau de l'infrastructure d'exécution, suite aux défaillances et aux disponibilités variables des ressources [58].

C'est bien dans cet esprit que nos propositions d'architecture logicielle et de protocoles distribués ont été implémentées et évaluées sur la plate-forme Grid'5000. Dans ce contexte, nous avons réalisé plusieurs évaluations à grande échelle des protocoles de communication [28, 26, 27] et de découverte de ressources [20] proposées par l'intergiciel pair-à-pair JXTA, sur lequel repose notre service de partage de données. Dans le contexte d'une convergence entre les intergiciels pour grilles et pour systèmes pair-à-pair, nous avons contribué à l'optimisation de ces protocoles lors d'une utilisation sur grille. Ce travail a été réalisé en collaboration avec Sun Microsystems (Santa Clara, USA), dans le cadre des thèses de Mathieu Jan et Loïc Cudennec.

Validation du modèle de partage transparent de données. La principale contribution apportée par le concept de service de partage de données pour grille est de proposer un *modèle d'accès transparent aux données*. Pour valider cette approche, nous avons étudié son intégration avec plusieurs modèles de programmation pour grille. Ainsi, nous avons intégré le partage transparent des données dans le modèle GridRPC [18]. Nous avons également proposé une extension du modèle de programmation par composants afin de permettre le partage de données inter-composants via la notion de port de données [16]. Enfin, nous avons exploré l'utilisation du modèle de partage transparent de données avec le paradigme master-worker dans le modèle CCA (Common Component Architecture) [17].

Par ailleurs, nous nous sommes aussi interrogés sur la possibilité de construire des infrastructures avancées de stockage à grande échelle en combinant notre service de partage de données avec d'autres systèmes de stockage ayant des propriétés différentes. Ainsi, nous avons proposé des systèmes de stockage hiérarchiques basés sur le couplage la plate-forme JUXMEM avec les composants de stockage de l'environnement ASSIST développé à l'Université de Pise [2] et avec le système de fichiers pour grille Gfarm développé à l'Université de Tsukuba [21]. Dans une toute autre approche, nous avons utilisé JUXMEM pour le partage des méta-données dans un environnement de type *knowledge grid* – grille des connaissances – développé à l'Université de Calabre) [19] (stage post-doctoral de Sébastien Monnet).

1.2.3 Vers une application au domaine des bases de données réparties ?

Ces travaux autour du concept de service de partage de données ont principalement été orientés vers le support efficace des applications de simulation numériques. Toutefois, il est facile de constater que les problèmes étudiés (partage de données à grande échelle, cohérence, réplication) sont également présents dans d'autres contextes : celui des applications collaboratives distribuées utilisant des bases de données réparties, par exemple. C'est pour cette raison que, depuis 2006, j'ai démarré une collaboration avec des équipes actives dans le domaine des bases de données, notamment dans le cadre du projet RESPIRE de l'ANR. Ainsi, avec Stéphane Gançarski (équipe BD, LIP6, Paris), nous avons commencé à explorer l'utilisation du concept de service de partage de données pour permettre le passage à l'échelle des systèmes de gestion de bases de données. Après la réalisation d'un premier prototype basé sur JUXMEM [4], nous concevons actuellement, dans le cadre de la thèse de Bogdan Nicolae, un service de partage de données en mémoire vive spécifiquement destiné au stockage efficace de données de très grande taille [102] (pouvant représenter de grandes bases de données), tout en assurant un accès efficace à grain fin à ces données.

La liste des travaux, collaborations ou contrats ayant influencé nos recherches est longue ; néanmoins je pense que ces quelques « repères » montrent assez bien l'orientation de nos recherches durant ces dernières années.

1.3 Organisation du document

Ce document est organisé de la manière suivante. Le chapitre suivant est dédié au positionnement de notre approche dans le "paysage scientifique" de la gestion des données réparties à grande échelle. Il passe un revue les différentes approches existantes et il explique les choix efectués, la démarche, la « vision » sous-jacente. L'objectif est de situer nos travaux dans leur contexte, de mettre en évidence les lignes directrices de notre approche et ses particularités. Puis, chacun des quatre chapitres suivants est dédié à un axe de recherche que nous avons développé.

Ainsi, le chapitre 3 détaille notre proposition d'architecture de service de partage de données et apporte une description succincte de la mise en oeuvre à travers la plate-forme JUXMEM. Cette contribution correspond à la thèse de Mathieu Jan. Le chapitre 4 est centré sur ce qui nous semble être le point central du problème : comment gérer la cohérence en environnement dynamique. Notre solution est fondée sur le concept de groupe hiérarchique auto-organisant. Ce travail correspond à la thèse de Sébastien Monnet.

La validation du *modèle d'accès transparent aux données* que nous proposons fait l'objet du chapitre 5. Son but est de montrer comment les modèles actuels de programmation des grilles (Grid-RPC, modèles à base de composants) peuvent s'intégrer avec notre modèle d'accès aux données. Ce chapitre est centré plus particulièrement au modèle Grid-RPC.

Enfin, le dernier chapitre résume nos contributions et décrit l'impact de certaines d'entre elles, matérialisé par des collaborations académiques ou par des transferts technologiques via des contrats industriels. Nous discutons également les ouvertures possibles de nos travaux vers d'autres contextes, notamment celui des applications issues du domaine des bases de données réparties.

Chapitre 2

Accès aux données réparties sur les grilles : le chemin vers la transparence

Ce chapitre a pour objectif de donner une vision globale de nos travaux et des motivations sous-jacentes. Il précise le positionnement de notre contribution dans le contexte des travaux sur la gestion de données réparties et met en évidence les particularités de notre approche. Il donne donc un aperçu permettant de mieux appréhender les chapitres suivants, focalisés sur différents aspects du problème.

Notre démarche est motivée par notre expérience dans le domaine des systèmes à mémoire virtuellement partagée, qui nous a appris que l'un des facteurs-clés favorisant la production d'applications fiables est la simplicité des modèles de programmation utilisés. En déclinant cette idée dans le contexte des applications parallèles, nous avons pris parti en faveur du paradigme de la mémoire partagée, par opposition au paradigme de l'échange de messages. Ainsi, dans le cadre de notre thèse, nous avons proposé une architecture de mémoire virtuellement partagée générique, qui définit des briques de base permettant de construire plusieurs classes de protocoles de cohérence des données répliquées.

Fournir une abstraction simple, basée sur le paradigme de la mémoire partagée, est d'autant plus pertinent dans le contexte de la programmation d'applications destinées à s'exécuter sur des infrastructures complexes, réparties à grande échelle, telles que les grilles de calcul. En effet, la gestion de la localisation, du transfert, de la réplication et de la cohérence des données dans un tel cadre devient encore plus difficile pour plusieurs raisons. Tout d'abord, le passage à l'échelle des protocoles répartis utilisés devient impératif. Ensuite, la probabilité de subir des défaillances augmente à tel point qu'il devient inévitable d'intégrer leur occurrence comme une hypothèse acquise dès la phase de conception de l'architecture, des couches logicielles impliquées, des protocoles sous-jacents. Il devient donc d'autant plus important de fournir des mécanismes qui rendent transparente la gestion de tous ces aspects et de permettre ainsi au programmeur d'être « libéré » de leur prise en charge.

On peut néanmoins constater que, afin de maîtriser les difficultés liés au passage à l'échelle, la plupart des intergiciels pour grille ont opté pour une gestion explicite de la localisation et du transfert des données. Ce choix permet à l'utilisateur de la grille d'avoir une vue explicite de l'état des ressources, de mettre en oeuvre un certain nombre d'optimisations du coût des communications et de réagir explicitement en cas de défaillance ou indisponibilité des ressources. En contrepartie, cela complexifie de manière significative sa tâche. En effet, cette approche lui demande de connaître et de gérer la localisation des données manipulées, d'initier les transferts et de gérer les erreurs en cas de défaillance des noeuds impliqués dans le stockage des données ou en cas de défaillance des liens de communication. En suivant ce type d'approche, on s'éloigne donc sensiblement de l'idéal originel d'une utilisation transparente des ressources mis à disposition par une grille !

C'est donc tout naturellement que nous nous sommes attachés à explorer comment il serait possible de continuer à fournir l'abstraction d'une mémoire partagée, tout en prenant en compte les nouvelles contraintes inhérentes aux infrastructures de type grille.

9

2.1 Applications visées : les simulations numériques

La gestion de données réparties à grande échelle est un problème commun à plusieurs domaines de l'informatique : la fouille de données, les grandes bases de données réparties, le travail collaboratif réparti, le calcul réparti, etc. Plusieurs classes d'applications mettent en évidence un besoin croissant de support adapté pour gérer efficacement de volumes de données qui ne cessent d'augmenter : l'astronomie, la physique à haute énergie, la météorologie, les applications transactionnelles réparties, etc.

Dans le cadre de nos travaux durant ces dernières années, nous nous sommes focalisés sur les applications de *simulation numérique*. Héritées du domaine du calcul parallèle à hautes performances, ces applications reflètent bien les problèmes posés lors du passage d'une exécution parallèle sur une grappe de quelques dizaines de nœuds (par exemple) vers une infrastructure d'exécution répartie à grande échelle de type grille, composée de plusieurs milliers de nœuds. En effet, ces applications sont toujours plus exigeantes en termes de ressources informatiques à utiliser (puissance de calcul, capacité de stockage, etc.). Ceci en fait d'excellentes candidates pour une exécution répartie sur des grilles, avec plusieurs objectifs en ligne de mire :

- réaliser des simulations numériques sur un nombre toujours grandissant de paramètres afin d'être de plus en plus précises ;
- réaliser un plus grand nombre d'exécutions indépendantes en parallèle.

Applications de couplage de code. A titre d'exemple, les applications dites de *couplage de code* correspondent au premier objectif. Dans de telles applications, différents programmes éventuellement parallèles sont exécutés sur potentiellement plusieurs sites d'une grille de calcul. Un exemple est fourni par HydroGrid [153], une application qui modélise et simule les transferts de fluides et le transport de solutés dans des milieux géologiques souterrains. Pour ce faire, elle fait appel à plusieurs phénomènes physico-chimiques, chacun étant simulé par un code spécifique et parallèle. Les différents codes correspondants doivent typiquement être exécutés sur différents sites d'une grille, compte tenu de leurs exigences en termes de ressources de calcul. Afin d'avancer dans leurs simulations respectives et résoudre le problème commun de simulation, ces codes doivent échanger des données à différentes étapes. Un autre exemple d'application de couplage de code est issu du projet EPSN [68] qui offre un Environnement pour le Pilotage de Simulations Numériques distribuées. Cet environnement permet de visualiser les résultats intermédiaires d'une simulation afin de la piloter. De manière générale, du fait de l'utilisation de *plusieurs* et non d'un code de simulation, ces applications ont une structure qui se prête bien à une exécution répartie sur plusieurs sites, au sein d'une grille.

Applications multiparamétriques. Le deuxième objectif mentionné ci-dessus correspond à des applications dites *multiparamétriques*. Une telle application consiste en un ensemble de tâches indépendantes relativement simples, qui peuvent être parallèles et nécessiter plusieurs machines. Leur structure se prête bien à ce changement de support d'exécution : chacun des codes couplés peut s'exécuter sur une grappe différente. L'avantage de l'utilisation des grilles de calcul est alors de distribuer ces tâches sur un nombre toujours plus grand de machines afin d'augmenter le degré de parallélisme de l'application. Ces exécutions ne diffèrent entre elles que très peu, par exemple par des valeurs différentes pour un paramètre d'entrée de l'algorithme utilisé pour effectuer le calcul. L'application Grid-TLSE [61] est un exemple d'application multiparamétrique. Elle permet de tester de nombreux algorithmes de résolution de systèmes linéaires, en faisant varier leurs multiples paramètres. Les données qui entrent en jeu sont des matrices pouvant aller jusqu'à plusieurs centaines de mégaoctets, qu'il faut déplacer et partager entre les différents serveurs de calcul.

10

2.2 Infrastructure d'exécution visée

2.2.1 Qu'est-ce qu'une grille de calcul ?

Le terme *grille de calcul*, en anglais *computing grid*, a été proposé par Ian Foster et Karl Kesselman en 1998 [70]. Ce terme évoque une analogie avec les systèmes de distribution d'électricité (en anglais *power grid*). En effet, prenons l'image d'un particulier qui branche son appareil dans une prise de courant électrique et qui utilise la puissance disponible, sans se soucier de l'origine de cette puissance et de la manière dont il y a accès. De manière analogue, une grille de calcul est censée donner accès à un ensemble de ressources informatiques virtuellement infini pour le calcul et le stockage à travers une banale « prise grille », c'est-à-dire de manière transparente pour les utilisateurs. La localisation de ces ressources informatiques peut être géographiquement distribuée sur plusieurs pays, voire continents.

Cette idée qui a pu naître grâce à l'augmentation significative des débits des réseaux longue distance, n'est pas tout à fait nouvelle. Comme précurseur, on peut citer le réseau *I-Way* [62], qui en 1995 interconnecte 17 centres de calcul américains : on utilisait alors le terme *metacomputing* pour désigner le calcul sur ce type de plate-forme. Depuis 1998, plusieurs définitions ont été proposées pour le terme *grille*. Dans la suite de ce manuscrit, nous reposerons sur les définitions suivantes.

Définition 2.1 (Site)— Un site est un lieu géographique qui héberge un ensemble de ressources informatiques administrées de manière autonome et uniforme.

Les *ressources informatiques* peuvent être aussi bien des liens réseau (câbles, routeurs ou *switchs*), des machines (simples PC ou calculateurs parallèles) ou des éléments logiciels.

Nous définissons alors la notion de *grille informatique* de la manière suivante :

Définition 2.2 (Grille informatique)— Une grille informatique mutualise un ensemble de *ressources informatiques* géographiquement distribuées dans différents sites.

Il faut noter la grande généralité de ces définitions : un site peut correspondre à un ensemble de machines regroupées dans un centre de calcul ou dans une entreprise, à un supercalculateur ou simplement au PC appartenant à un individu particulier. Suivant le type des sites qui les composent et le type des ressources partagées, plusieurs catégories de grilles informatiques peuvent être constituées. On distingue souvent la classification suivante.

- Les *grilles de calcul* regroupent des ensembles de machines dédiées aux calculs. Souvent, chaque site héberge un ensemble de telles machines.
- Les *grilles de données* regroupent des machines dédiées au stockage de grands volumes de données, telles que des bases de connaissances dans un domaine.

Une catégorie de grilles en plein essor aujourd'hui est constituée par les *grilles de vol de cycles* (en anglais *desktop grids*). Il s'agit d'un cas particulier de grilles de calcul. Elles consistent, par exemple, en la mise en commun, la nuit, de machines de bureau non dédiées au calcul (utilisées dans la journée pour d'autres tâches). On peut ainsi agréger ces ressources autrement inutilisées et permettre l'exécution de cycles de calcul à surcoût nul.

La distinction entre les grilles de calcul et les grilles de données reste encore assez floue et tend à s'estomper aujourd'hui [32]. En effet, les grandes bases de connaissances, issues des grilles de données, sont de plus en plus souvent accédées par des applications s'exécutant sur des grilles de calcul. Nous précisons que, pour les travaux décrits dans ce document, nous restons dans le cadre des *grilles de calcul* : en effet, nous nous sommes intéressés à la gestion des données *pour les applications de simulation numérique*.

Par ailleurs, nous nous sommes restreints au cas particulier où chaque site de la grille héberge une *grappe de calcul* :

11

Définition 2.3 (Grappe de calcul (en anglais *cluster*))— Une grappe de calcul est un ensemble de machines indépendantes interconnectées par un même équipement réseau[1], localisées dans un même site.

Un cas particulier est constitué par les *grappes de calcul à haute performance*, où les machines sont typiquement interconnectées par un réseau spécialisé, appelé *System Area Network* (SAN) en anglais. Ces réseaux offrent des débits allant jusqu'à 20 Gb/s et une latence de l'ordre de quelques microsecondes. Des exemples de SAN couramment utilisés sont : Myrinet [159], Infiniband [154], SCI [144] et Quadrics. Dans le cadre de notre contexte d'étude, l'infrastructure visée a été celle des *grilles de calcul* fédérant des sites dont chacun regroupe une ou plusieurs *grappes de calcul à hautes performances*.

2.2.2 Un exemple : Grid'5000

En France, un important projet de grille de calcul a été lancé en 2003 : le projet Grid'5000 [148, 48] avec le soutien de l'ACI GRID[2]. Son but est de fédérer des grappes de calculateurs réparties dans 9 différents sites géographiques en France : Bordeaux, Grenoble, Lille, Lyon, Nancy, Orsay, Rennes, Sophia-Antipolis et Toulouse, avec l'objectif d'atteindre à terme 5000 processeurs. L'interconnexion entres les différents sites est assurée par la version 4 du réseau Renater [162] qui fournit un débit[3] de 1 à 10 Gb/s suivant les liens. La latence entre les machines de différents sites varie de 4 ms à 29 ms, selon les paires de sites considérées[4]. Au sein des sites, les nœuds (i.e. les machines) sont équipées de biprocesseurs Opteron d'AMD. Cette grille est hétérogène : au sein des sites, elle comporte des machines équipées de processeurs des familles AMD Opteron, Intel Xeon, Xeon EM64T, Xeon IA32 et Itanium 2. À l'intérieur de chaque site, ces nœuds sont interconnectés par des réseaux à très faible latence comme *Myrinet* [159] et Infiniband [154].

Grid'5000 présente une originalité qui la distingue de la plupart des autres grilles déployées : elle a un caractère expérimental, avec l'objectif déclaré de servir de support aux expérimentations des chercheurs dans le domaine des réseaux et des systèmes répartis. Cela se traduit par sa capacité à être hautement contrôlable et reconfigurable : une grande liberté est accordée à l'utilisateur, qui peut y déployer toutes les couches logicielles dont il a besoin, y compris son propre système d'exploitation si nécessaire, via l'outil Kadeploy2 [156].

De nombreux autres projets de grilles de calcul existent. Nous pouvons citer notamment le projet TeraGrid aux États Unis [107], les grilles européennes EGEE [136] (*Enabling Grids for E-science in Europe*) et DEISA [103] (*Distributed European Infrastructure for Supercomputing Applications*) basées sur le réseau d'interconnexion GÉANT2 à 10 Gb/s [147], la grille Asie-Pacifique ApGrid [138], la grille chinoise CNGrid [140], la grille suédoise Swegrid [165] constituée de 600 machines réparties sur 6 sites et basées sur des liaisons à 10 Gb/s entre les sites, la grille norvégienne NorGrid [161], etc.

2.2.3 Trois caractéristiques

Topologie hiérarchique. La principale caractéristique du type de grille visée par nos recherches est sa topologie hiérarchique. En effet, les machines d'une même grappe sont reliées par un réseau à hautes performances (SAN), tel que Myrinet, Infiniband, Quadrics ou SCI. Ce type de réseaux permet de disposer d'une bande passante allant jusqu'à 10 Gb/s et d'une latence qui peut atteindre 2 μs seulement. En revanche, les sites sont interconnectés entre eux par l'intermédiaire de réseaux longue distance à haut débit, en anglais *Wide Area Network* (WAN), qui présentent des caractéristiques différentes des SAN. Ils accusent généralement une plus forte latence pouvant atteindre 100 ms, selon le type de médium utilisé utilisé pour interconnecter les sites et/ou si le nombre d'équipements réseaux traversés est important.

---

[1]Typiquement un *switch*.
[2]Action Concertée Incitative du Ministère de la Recherche, de l'INRIA et du CNRS
[3]Une migration vers la version 5 est en cours.
[4]Cette variation dépend de la distance entre les sites et des équipements traversés.

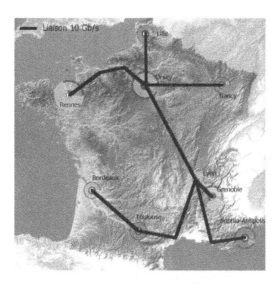

FIG. 2.1 – L'interconnexion des différents sites de la grille expérimentale Grid'5000.

Nous pouvons donc constater une différence notable en termes de latence entre deux machines, suivant qu'elle sont situées à l'intérieur du même site ou sur deux sites différents : le ratio entre les deux valeurs varie entre 2 000 et 50 000 ! Les réseaux WAN disposent toutefois d'un fort débit pouvant aller jusqu'à plusieurs dizaines de gigabits par secondes, comme c'est le cas dans la grille TeraGrid [107].

Hétérogénéité des ressources. Par ailleurs, notons que chaque site d'une grille de calcul est administré de manière autonome vis-à-vis des autres sites, notamment selon une politique de sécurité potentiellement spécifique au site. Chaque site est également libre de choisir le type de processeur pour ses machines (Intel, AMD, Sun, IBM, etc.), le réseau d'interconnexion entre les machines (Gigabit Ethernet, Quadrics, Myrinet, Infiniband, etc.), la capacité de stockage des machines, etc. Les grilles de calcul sont donc des infrastructures *hétérogènes*. La gestion décentralisée de ces différents aspects peut cependant être coordonnée au niveau de la grille, afin d'assurer la disponibilité des ressources partagées mises à disposition des utilisateurs.

Volatilité et défaillances. Enfin, la grande taille de l'infrastructure d'une grille (qui peut impliquer jusqu'à plusieurs milliers de machines) lui apporte un caractère dynamique inhérent : la défaillance ou l'indisponibilité temporaire d'un réseau d'interconnexion, d'une machine, voire d'un site entier, doivent être considérées comme des événements possibles. À titre d'exemple, sur une période de 6 mois[5], 75 incidents majeurs (perturbations, maintenance et/ou arrêt de sites entraînant une période d'indisponibilité de quelques secondes à plusieurs jours) ont eu lieu sur la grille expérimentale Grid'5000, soit un événement tous les 2,4 jours en moyenne. Ces informations ont été obtenues par consultation d'une page Web de cette grille [148]. Ce type d'événements, mais également l'ajout de machines voire de sites entiers[6], doivent donc être pris en compte dans la conception de programmes s'exécutant sur les grilles de calcul.

---

[5]De janvier à juin 2006.
[6]Nous incluons dans ces cas les redémarrages de machines suite à des maintenances.

13

Nous désignons cette propriété par le terme *volatilité*. Nous considérons par exemple qu'une machine est volatile si elle subit une coupure de courant à cause d'un arrêt en urgence déclenché suite à une panne de la climatisation, afin d'éviter tout risque de surchauffe.

2.3 Vers une gestion découplée et transparente des données réparties à grande échelle

2.3.1 La voie majoritaire : une gestion *explicite* des données

Gérer des données réparties dans un environnement tel que nous l'avons décrit ci-dessus n'est bien évidemment pas chose aisée. Afin de bien maîtriser l'exécution des applications sur cette infrastructure, les premières approches ont donné la priorité au *contrôle explicite* de la localisation des données ; avant de pouvoir exécuter un code, l'utilisateur, qui sait quelles données sont requises pour le calcul et où elles sont localisées, choisit explicitement la source de données à utiliser (si différentes sources sont possibles) et transfère manuellement ces données vers le(s) lieu(x) d'exécution des calcul. L'utilisation a aussi la possibilité de mettre en place des optimisations : il peut par exemple répliquer manuellement les données pour favoriser la localité des accès lors des accès concurrents ; il doit alors détecter les modifications éventuelles apportées aux copies ainsi générées et assurer manuellement leur cohérence par invalidation ou mise à jour. L'inconvénient d'avoir à gérer explicitement ces aspects complexes est en général le prix à payer pour garder un contrôle fort sur l'ordonnancement des transferts des données. Les systèmes que nous décrivons ci-dessous suivent cette approche, qui reste clairement éloignée de l'un des objectifs majors des grilles : permettre l'utilisation transparente des ressources informatiques.

2.3.1.1 Approches à base de catalogues de données

Globus [69] est l'un des tout premiers outils logiciels dédiés aux grilles de calcul. Bien que cet environnement fournisse un support pour la gestion de plusieurs aspects de l'utilisation et de la programmation des grilles, nous nous intéressons ici uniquement à la gestion des données. À son plus bas niveau, Globus propose des mécanismes pour effectuer les *transferts explicite de données* entre plusieurs systèmes de stockage. Au dessus de ces mécanismes, les données peuvent être gérées via des *catalogues de données*.

Outils pour les transferts de données. Pour la gestion des transferts des données, Globus propose le protocole GridFTP [3], un protocole sécurisé et fiable, qui enrichit le protocole classique FTP en introduisant des optimisation pour les liaisons WAN à haut débit : flux de données multiples pour des transferts parallèles, gestion des reprises en cas d'échec, de transferts entre serveurs contrôlés par une tierce entité, etc. Par ailleurs, il s'appuie sur l'infrastructure de sécurité de Globus (GSI) pour l'authentification des utilisateurs au sein d'une grille. Par ailleurs, une version modifiée d'OpenSSH pour l'authentification via GSI, appelée GSI-OpenSSH, offre les services GSI-SCP et GSI-SFTP pour les transferts de données. Enfin, l'outil de transfert fiable de fichiers (en anglais *Reliable File Transfer Service*, RFT) est un service OGSA qui permet d'effectuer des transferts en mode asynchrone. RFT supporte les transferts entre des serveurs GridFTP et FTP.

Outre FTP, HTTP, et GridFTP, il existe de nombreux autres protocoles de transferts de données, tels que Chirp [139], Remote File I/O (RFIO), DCAP [54]), DiskRouter [82], etc. Devant cette multitude de protocoles de transport de données, le projet Parrot [128] vise à abstraire les différents protocoles de transport disponibles et à fournir une interface POSIX unique pour l'accès et l'utilisation de fichiers au sein des applications. Enfin, notons aussi l'utilisation récente de BitTorrent [57], protocole issu des systèmes pair-à-pair, comme protocole de transport de données dans des intergiciels pour grilles, à la place de FTP [132].

14

Catalogues pour les données. Malgré leurs caractéristiques avancées, les protocoles mentionnés ci-dessus restent toujours des outils de bas niveau : somme toute, ils ne gèrent que le transfert des données, la gestion de la localisation des données devant être faite au dessus. Globus fournit trois services sous la forme de catalogues, ayant chacun des objectifs différents. Généralement, ceux-ci sont implémentés en utilisant Lightweight Directory Access Protocol (LDAP [74]) ou une base de données, telle que MySQL [160] :

- Le catalogue des méta-données (en anglais *Metadata Catalog Service*, MCS) est un service OGSA qui permet d'enregistrer des métadonnées relatives à la structure des fichiers et des objets stockés.
- L'outil de localisation des réplicas (en anglais *Replica Location Service*, RLS[7]) est un catalogue qui permet de déterminer la localisation physique des copies d'une donnée à partir de son nom logique. L'objectif de ce service est de favoriser les accès à des copies proches, et ainsi de réduire le temps d'accès aux données. Par ailleurs, il vise également à améliorer la disponibilité des données gérées par Globus, en facilitant leur réplication.
- Enfin, Chimera est *catalogue de données virtuelles* qui permet d'enregistrer les informations nécessaires pour le traitement d'un ensemble de données.

Ces différents catalogues ont servi à la construction d'autres outils spécialisés selon les besoins. Par exemple, la grille de données DataGrid [66] s'est appuyée sur Globus pour implémenter ses propres services de gestion de données à base de catalogues [76], telles que le service Grid Data Management Pilot [115], un catalogue de gestion de copies permettant la réplication manuelle des données, de manière fiable et sécurisée. Dans ce contexte, d'autres services pour la gestion des copies ont été définis, notamment Reptor [85] et Optor [85]. Lightweight Data Replicator (LDR [158]) est un autre système de gestion de copies de données à base de catalogues qui s'appuie sur GridFTP, RLS et MCS.

Par ailleurs, nous pouvons citer le projet GridLab [149] qui suit une approche similaire pour la gestion des données en s'appuyant en partie sur Globus. Enfin, Gridbus Broker [131] s'appuie également sur Globus pour implémenter et tester différentes politiques d'ordonnancement des données et des applications.

Discussion. Notre principale observation vis-à-vis des outils développés dans le cadre de l'approche que nous venons de décrire est qu'elle offre un support certes, utile, pour une gestion *manuelle* des données et de leur localisation. Il s'agit donc d'un modèle d'accès *explicite* aux données. La gestion proprement-dite de ces données et leur localisation restent donc à la charge du développeur des applications. Lorsque les volumes de données à traiter augmentent de manière significative, cette gestion explicite rend difficile l'exploitation des infrastructures réparties à grande échelle.

Par ailleurs, ces systèmes permettent de stocker de manière persistante de grandes quantités de données répliquées, mais ne gèrent pas la cohérence de ces données partagées. Notons toutefois quelques efforts dans cette direction : dans le cadre du projet DataGrid, un service de gestion de la cohérence (en anglais *Grid Consistency Service*, GCS [65]), appelé CONStanza [63], a été proposé. Ce projet vise une gestion de la cohérence relâchée des différentes copies d'une donnée, qu'elles soient stockées dans des bases de données ou dans des systèmes de fichiers. Cependant, le support annoncé des systèmes de fichiers n'est pas implémenté. Enfin, les auteurs précisent que le protocole de cohérence proposé n'est pas adéquat pour la gestion des méta-données associées, sans toutefois apporter de solution.

2.3.1.2 Dépôts logistiques de données

Une deuxième approche pour la gestion des données repose sur le concept de *réseau logistique* (en anglais *Logistical Network* [39, 38, 40]), avec l'objectif de bâtir un réseau de stockage des données sur un ensemble de noeuds de stockage répartis dans différents endroits de l'infrastructure considérée.

---

[7]Développé conjointement avec le projet DataGrid [66].

Les transferts de données entre clients et serveurs de calcul transitent alors par une ou plusieurs de ces machines intermédiaires. Des techniques d'ordonnancement des transferts des données peuvent alors être mises en œuvre, parfois conjointement à l'ordonnancement des calculs.

Le projet IBP [110, 34] illustre cette approche. Sa réalisation repose sur l'analogie avec la pile de couches TCP/IP : l'objectif est de concevoir une pile similaire, dédiée à la gestion à grande échelle de données utilisées par des systèmes ou des applications distribuées. Notons qu'IBP n'est qu'une couche de la pile proposée, correspondant à IP : elle n'offre que des garanties limitées, de type « au mieux » (en anglais *best effort*). D'autres protocoles au-dessus d'IBP sont alors nécessaires.

Internet Backplane Protocol (IBP). L'entité de base dans IBP est un serveur de stockage, appelé *dépôt*, typiquement hébergé sur une machine dédiée au stockage. L'interface de programmation d'IBP [36] permet d'allouer des tampons sur un ensemble de tels dépôts. Afin d'assurer un partage équitable des ressources, la politique d'allocation est basée à la fois sur la durée de stockage (noté *temps*) et sur la taille de l'espace de stockage requis (noté *espace*). Ainsi, un client ne peut allouer un ensemble de tampons de taille k, que si la condition suivante est remplie : $k \leq espace * temps$. Les primitives d'IBP permettent aux clients d'effectuer des transferts entre leurs machines et ces dépôts, mais aussi entre dépôts (de 1 vers 1 ou de 1 vers n). Pour ce faire, IBP s'appuie sur le système de transferts de données *DataMover* [37, 122] qui peut utiliser différents protocoles (TCP, UDP, UDP multicast, etc.).

Logistical Backbone (L-Bone). La couche L-Bone [35] permet à des clients d'utiliser un annuaire des différents dépôts IBP existants, afin de sélectionner ceux qui correspondent à leurs besoins. Les métadonnées stockées dans ce répertoire sont les adresses TCP/IP des dépôts, leur quantité d'espace de stockage, leur localisation, leur performance, etc.

external Nodes (exNodes). Un exNode est à IBP ce qu'est un descripteur de fichier (en anglais *inode*) à un système de fichiers. Chaque appel pour allouer de l'espace de stockage dans IBP retourne une clé, également appelée *capacité*. La connaissance de la valeur de cette clé est nécessaire pour accéder à la donnée. Un exNode est un regroupement d'un ensemble de capacités, ce qui permet par exemple de disposer d'un espace de stockage plus important, d'une disponibilité et de performances accrues grâce à la présence de plusieurs copies d'une même donnée dans différents dépôts IBP.

Logistical Runtime System (LoRS). Cette couche vise à intégrer les couches L-Bone et exNodes dans une bibliothèque de haut niveau. L'objectif est de faciliter l'utilisation de ces couches, en automatisant une partie des étapes nécessaires pour, par exemple, créer un exNode et y insérer différentes capacités IBP.

La couche logicielle proposée par IBP ne vise pas particulièrement les grilles de calcul à hautes performances : son réseau publique est déployé sur l'infrastructure PlanetLab [56], qui dans lequel les sites représentent souvent des machines individuelles et non des grappes à hautes performances. Toutefois, l'utilisation du concept de réseau de logistique, et donc d'IBP, a été évaluée dans le contexte des grilles de calcul. Ainsi, l'utilisation d'IBP au sein de l'intergiciel Grid-RPC NetSolve pour mettre en place des caches de données de matrices pour des algorithmes de résolution de systèmes linéaires a permis des améliorations de performances significatives

D'autres projets suivent une approche similaire à IBP. Kangaroo [127] construit également un réseau de stockage en utilisant le hiérarchie des caches (mémoire et disque) des machines intermédiaires, sans toutefois gérer la cohérence des données. NeST [41] permet à ses clients d'allouer des espaces de stockage, de manière similaire à IBP. Les données peuvent ainsi être transférées vers les systèmes de fichiers locaux des machines en ayant besoin pour réaliser des calculs. L'opération inverse est également réalisable. NeST repose sur un métaprotocole de transport qui permet d'utiliser de nombreux protocoles de transport : HTTP, FTP, GridFTP, NFS et Chirp. La sélection du protocole sous-jacent et de ses paramètres se fait dynamiquement Une comparaison des performances de NeST et GridFTP est présentée dans [81]. Enfin, les applications peuvent utiliser de manière transparente NeST via un serveur NFS modifié. DiskRouter [82] propose aussi un réseau de tampons, qui optimise les débits des transferts des données produites par les processus applicatifs en découpant les flux de données pour les envoyer sur des chemins différents. L'optimisation des paramètres de transferts (nombre de flux parallèles, taille des tampons TCP, etc.) est également transparente et automatique. Enfin, notons que ces systèmes peuvent être intégrées dans des environnement plus complexes qui peuvent mettre en place des politiques d'ordonnancement des transfert des données, parfois conjointement avec l'ordonnancement des calculs. Un exemple est le système Stork [83].

Discussion. Tout comme l'approche à base de catalogues, l'utilisation des dépôts de stockage implique un *modèle d'accès explicite aux données*, donc une gestion explicite, non transparente, de la localisation et du transfert de ces données. Un stockage persistant et un partage cohérent sont possibles, mais ces fonctionnalités doivent être implémentés par des couches logicielles supplémentaires de plus haut niveau.

2.3.2 Vers un modèle d'accès transparent

A l'opposé des systèmes de gestion de données précédemment cités qui favorisent la localisation et le transfert explicites, d'autres efforts se sont focalisés sur l'objectif de la transparence : l'idée est de « libérer » le programmeur ainsi que l'utilisateur de la grille du souci de la localisation des données. L'utilisateur accède aux données via des identifiants globaux, et le système de stockage se charge de localiser physiquement les données et de les transférer le cas échéant.

2.3.2.1 Systèmes de fichiers pour grille

Une première approche pour la gestion transparente des données sur les grilles repose sur l'interface de programmation classique des systèmes de fichiers. Ces systèmes visent à mettre en place sur les grilles de calcul des solutions similaires à NFS [116]. Conçu pour les les grappes de machines reliées par un réseau local, NFS permet à des clients répartis de construire une même vue logique partagée d'une hiérarchie de fichiers physiquement répartis. Les systèmes qui suivent cette approche vont mettent en œuvre les mécanismes nécessaires pour localiser automatiquement une donnée lors de l'appel par un processus applicatif de la primitive `fopen` par exemple. L'objectif est d'éviter de modifier les applications existantes, en leur fournissant une interface classique d'accès aux données via des fichiers, comme si les données étaient stockées sur la machine locale. De nombreuses techniques existent pour atteindre cet objectif : interception des appels à la bibliothèque C (en anglais *preloading*), modification du noyau, etc. Ces techniques sont comparées dans [41].

Gfarm [125] est une illustration du concept de système de fichiers répartis pour grilles, qui vise le support des applications nécessitant des pétaoctets de données. Les données gérées par Gfarm sont découpées et les fragments générés sont répartis sur différentes machines de calcul de la grille. Gfarm peut alors être couplé avec un ordonnanceur qui place les calculs sur les machines qui disposent des données nécessaires pour la réalisation de ces calculs. Gfarm est donc surtout adapté aux applications qui se présentent sous la forme de tâches indépendantes, chaque tâche possédant des propriétés de localité pour l'accès à un ensemble de données. Notons toutefois qu'après ce placement initial du processus, aucune migration des tâches vers les données n'est implémentée. Dans Gfarm, les données peuvent être automatiquement répliquées d'un site à un autre lorsqu'elles sont accédées. Les métadonnées associées sont modifiées lors des accès aux données. L'ouverture d'un fichier en écriture ainsi que l'acquisition de verrous sur des parties d'un fichier sont possibles depuis Gfarm version 2 [126], en appliquant un modèle de cohérence à la NFS, implémenté par invalidation des copies d'un fichier lors de la fermeture d'une copie ouverte en écriture. Les performances de ce système sont prometteuses en termes de débit pour la lecture et l'écriture de données, notamment grâce à l'interface parallèle de Gfarm.

D'autres projets similaires à Gfarm existent. GridNFS [75] s'appuie sur la version 4 du protocole NFS [119] et se sert de Globus pour la gestion de la sécurité. GridNFS tire également parti du projet pNFS [73], qui permet d'utiliser avec les même performance les capacités des systèmes de fichiers parallèles comme PVFS2 [93]. LegionFS [133] est un autre système de fichiers pour grille, basé sur l'intergiciel Legion [71] et son modèle objet. Enfin, les projets de systèmes d'exploitation pour grilles WebOS [130] et 9grid [95] disposent également d'un système de fichiers à cette échelle. Le système de fichiers de WebOS est appelé WebFS et implémente un modèle de cohérence à la NFS. 9grid repose sur un système de gestion de versions, ce qui signifie que la résolution des conflits est à la charge des utilisateurs. Le système d'exploitation pour grilles Vigne [112] propose un service de gestion de données qui prend en compte la contrainte de volatilité des processus.

Par ailleurs, d'autres projets visent à fournir aux applications une interface de programmation de type système de fichiers, sans l'objectif déclaré de proposer un système de fichiers pour grilles. Généralement, ils mettent en place des mécanismes ad-hoc pour fournir la vision d'un espace de nommage global utilisable à travers une interface de programmation de type fichier. *Globus Access to Secondary Storage* (GASS [44]) est un tel système, issu de Globus ; il utilise le principe d'un cache local permettant d'accéder à une donnée distante. Grifi [151] et SRBfs [163] fournissent une interface de type système de fichiers en s'appuyant pour leur mise en œuvre sur GridFTP et sur le système SRB respectivement. (SRB est présenté dans la section 2.3.2.2.) Les deux reposent sur le projet FUSE [146], qui permet de rediriger les appels du système de fichiers de l'espace noyau vers une autre bibliothèque qui s'exécute en espace utilisateur. Cette technique permet d'éviter de modifier le noyau, tout en étant transparente pour l'application. Elle a été intégrée dans la version 2.6.14 du noyau Linux et permet de mettre en œuvre des systèmes de fichiers de manière transparente pour les applications. FUSE est également utilisé par Gfarm pour offrir une solution alternative d'implémentation, nommée GfarmFS-FUSE.

2.3.2.2 Accès unifié aux données

Une autre manière de viser la transparence d'accès aux données repose sur l'objectif de fournir un *accès uniforme* à différents média de stockage : systèmes de fichiers, bases de données relationnelles, bases de données XML, systèmes d'archivage (en anglais *Mass Storage System*), etc. Notons que l'interface de programmation offerte n'est pas celle d'un système de fichiers, bien qu'il soit possible d'en implémenter une au-dessus. SRB [111, 33] est l'exemple le plus représentatif de ce type de système. Notons également que ce projet vise plus particulièrement les grilles de données.

Storage Resource Broker (SRB [111, 33]) fournit une interface d'accès uniforme à un ensemble de ressources de stockage hétérogènes. Ainsi, SRB permet d'accéder à des données stockées dans des systèmes d'archivage, tels que *High Performance Storage System* (HPSS [152]), *ADSTAR Distributed Storage Manager* (ADSM [137], maintenant *Tivoli Storage Manager*) et *Data Migration Facility* (DMF [143]), des systèmes de fichiers tels que UFS, NTFS, HFS+ et des bases de données, telles que Oracle, DB2 et Sysbase. Plusieurs interfaces d'accès sont proposées. Une interface de type fichier est disponible : l'espace de nommage commence par `srb://` dans ce cas ; alternativement, une interface spécifique est fournie, basée sur l'utilisation d'objets SRB.

Trois entités forment l'architecture de SRB :
- les *clients SRB* qui utilisent les interfaces de programmation de SRB ;
- les *serveurs SRB* qui abstraient les différents systèmes de stockage utilisés ;
- un catalogue de métadonnées, appelé *Metadata Catalog* (MCAT), qui implémente l'espace de nommage global.

Le catalogue de métadonnées est utilisé pour améliorer la localité des accès aux données, en choisissant copies les plus proches. SRB vise essentiellement des applications qui n'ont pas besoin d'une gestion de la cohérence des données. L'utilisation de SRB est mentionnée comme réussie dans plusieurs projets, notamment pour la visualisation d'images tridimensionnelles de création du système solaire [111]. Toutefois, nous ne disposons pas d'étude comparative des performances de ce système par rapport à celles des systèmes concurrents.

SRB offre donc une transparence de localisation des données à travers différents systèmes de stockage répartis sur une grille. Un but similaire est poursuivi dans le contexte de certains travaux plus récents visant les architectures logicielles à base de services, ayant conduit à la spécification DAIS (*Data Access and Integration Services* [142]), publiée par le groupe de travail GGF du même nom. L'implémentation OGSA-DAI fournit un exemple d'implémentation de cette spécification. Elle offre une interface OGSA compatible avec Globus permettant l'accès à des bases de données relationnelles, à des bases de données XML et des systèmes de fichiers via une même interface de programmation

Dans ce même esprit, le projet SRM [121, 164] fournit la spécification d'une interface de programmation (service Web) qui fournit un accès uniforme à plusieurs systèmes d'archivage : HPSS [152], JASMine [72], Castor [47] etc. Certaines implémentations, telles que StoRM [64], permettent également l'accès à des systèmes de fichiers parallèles. L'objectif de la spécification SRM est d'affranchir les couches supérieures (un catalogue de réplicas, par exemple) des particularités spécifiques à chaque système et donc de rendre interopérable les applications avec l'ensemble des systèmes implémentant la spécification SRM. Des exemples de SRM sont Fermilab [108] et StoRM [64]. Ils implémentent tous les deux l'interface SRM 2.1. SRB peut aussi être vu comme un système offrant des fonctionnalités similaires à l'interface SRM : des implémentations ont déjà mis en œuvre cette idée [67].

2.3.3 Discussion : transparence, cohérence, volatilité

Une première analyse de l'ensemble des travaux que nous venons de survoler brièvement nous permet de constater que l'objectif du partage cohérent des données sur une infrastructure volatile répartie à grande échelle n'a pas été complètement atteint (cf. tableau 2.2). Si l'objectif de la *transparence* a bien mobilisé certaines équipes, le *partage cohérent* et la *tolérance à la volatilité* restent encore peu étudiées. Notons d'ailleurs que peu de systèmes abordent ces deux propriétés et que, parmi les systèmes étudiés, aucun[8] ne les satisfait *simultanément*. La tolérance à la volatilité est partiellement prise en compte par quelques systèmes à base de dépôts logistiques de données : DiskRouter et Stork. Le partage cohérent de données répliquées est traité par certains systèmes de fichiers pour grille. Ainsi, GFarm, LegionFS, GridNFS, WebFS et 9grid implémentent au moins un modèle de cohérence. Toutefois, il s'agit généralement du modèle de cohérence de NFS[9] qui n'offre pas toujours de garanties satisfaisantes pour les applications scientifiques que nous visons. Seuls les systèmes CONStanza et le service de gestion de données volatiles du système Vigne visent une gestion des données où celles-ci peuvent être partagées de manière cohérente, entre les différents processus d'une application. Le service de gestion de données volatiles du système Vigne présente l'avantage d'offrir une transparence de la localisation des données, ainsi qu'une tolérance à la volatilité. Toutefois, ce service ne permet pas de stockage persistant des données, et donc ni de partage de celles-ci entre plusieurs applications. De son côté, CONStanza a principalement évalué en utilisant une implémentation fondée sur des bases de données, et son mécanisme de propagation des mises à jour est coûteux. De plus, ce système n'offre pas une transparence de la localisation des données.

Pour avancer de manière plus convaincante vers une gestion véritablement transparente des données, il nous semble aujourd'hui crucial de libérer l'utilisateur non seulement de la charge de la localisation et des transferts des données, mais également de la gestion de la cohérence des données répliquées, ainsi que des difficultés potentielles créées par le caractère dynamique de l'infrastructure. Comme nous

---

[8]exception faite du service de gestion de données volatiles du système Vigne.
[9]à l'exception de 9grid.

	Transparence	Cohérence	Persistance	Tolérance à la volatilité	Performance
Globus	×	×	√	×	√
CONStanza	×	√	√	×	–
IBP	×	×	×	×	√
LoRS	×	×	√	–	√
Kangaroo	×	×	×	×	√
NeST	×	×	×	×	√
DiskRouter	×	×	×	~	√
Stork	×	×	×	~	√
GFarm	√	~	√	–	√
LegionFS	√	~	√	–	√
GridNFS	√	~	√	–	–
GASS	~	×	×	–	×
Legion	√	×	√	–	×
Grifi	√	×	√	–	–
WebFS	√	~	√	–	–
9grid	√	~	√	–	–
Vigne	√	√	×	√	–
SRB	√	–	√	–	~
OGSA-DAI	×	×	√	–	–
SRM	×	×	√	–	–

TAB. 2.2 – Récapitulatif des propriétés des travaux apparentés à la gestion de données dans les grilles de calcul. √ : propriété satisfaite ; × : propriété non satisfaite ; ~ : propriété partiellement satisfaite. – : propriété non évoquée.

l'avons expliqué, la croissance actuelle de l'échelle des grilles rend les défaillance de plus en plus probables et cette tolérance à la volatilité de plus en plus nécessaire. L'absence de gestion automatique de la cohérence des données répliquées que l'on peut constater dans beaucoup de systèmes de stockage d'aujourd'hui peut s'expliquer par les besoins des applications visées jusque-là. En effet, pour beaucoup d'applications scientifiques, le partage de grands volumes de données en lecture seule suffit. En revanche, les applications de couplage de code qui ont constitué notre cible nécessitent un partage cohérent de données modifiables. Par ailleurs, la gestion de la cohérence est nécessaire pour la manipulation des métadonnées (modifiables !) associées aux grands volumes de données générées par les expériences de physique des particules, pour prendre juste un exemple. Ce besoin grandit constamment : il a commencé à être pris en compte par des systèmes comme CONStanza et Vigne.

2.4 Contribution : le concept de service de partage de données

En réponse au défi de la transparence, que nous venons de discuter sous ses différentes facettes, nous avons proposé le concept de *service de partage de données*. Ce concept, dont l'objectif est de fournir un modèle d'accès transparent aux données en adéquation avec les contraintes des grilles de calcul, a été construit en suivant les lignes directrices précisées dans la section précédente : il repose sur l'extension, l'adaptation et le couplage de solutions partielles existantes. Nous pouvons mentionner en premier lieu les systèmes à mémoire virtuellement partagée et les systèmes pair-à-pair. Dans cette section, nous expliquons les motivations et la manière dont nous avons réalisé la construction d'un système hybride sur la base de telles « briques ».

2.4.1 Systèmes à mémoire virtuellement partagée et systèmes pair-à-pair

Systèmes à mémoire virtuellement partagée. Le problème du partage de données modifiables dans des environnements distribués a été bien étudié durant les vingt dernières années dans le contexte des systèmes à mémoire virtuellement partagée (MVP, en anglais DSM, pour *Distributed Shared Memory* [90, 91, 52, 7]). Ces systèmes fournissent un partage transparent des données à travers un espace d'adressage unique accessible à des machines physiquement distribuées. La lecture des données sur ces différentes machines (que nous appelerons *nœuds* par la suite) peut conduire à la réplication de ces données afin d'optimiser la localité des accès. Mais les nœuds de la MVP peuvent aussi effectuer des opérations d'écriture, qui généralement déclenchent des actions liées à la gestion de la cohérence, typiquement des invalidations ou des mises à jour. Ces recherches ont été menées dans le contexte du calcul parallèle à hautes performances, le plus souvent avec l'objectif de fournir une transparence d'accès maximale à moindre coût. Elles ont été typiquement été validées par des expériences sur des *grappes de calcul*.

Propriétés. La *transparence* est la caractéristique centrale des systèmes à MVP. Premièrement, ces systèmes fournissent un *accès transparent* aux données : tous les nœuds lisent et écrivent les données partagées de la même manière, qu'elles soient locales ou distantes. C'est la MVP qui détecte de manière interne la localité des accès et effectue les opérations nécessaires afin de les satisfaire. Deuxièmement, ils fournissent également une *localisation transparente* : si la donnée accédée est distante, c'est la MVP qui la localise et ensuite la transfère ou la réplique, selon le protocole de cohérence. Par ailleurs, un grand nombre de *modèles de cohérence* ont été définis dans ce contexte [91, 7, 78], chacun pouvant être implémenté par différents protocoles. Ces modèles et protocoles proposent divers compromis entre le niveau de cohérence garanti et le coût des opérations correspondantes de maintient de la cohérence.

Limites. Notons toutefois que les systèmes à MVP ont généralement montré une efficacité satisfaisante uniquement sur des *configurations de petite taille* : en pratique, quelques dizaines de nœuds.

Ceci est souvent dû au manque d'extensibilité des algorithmes utilisés pour la gestion de la cohérence. Ces algorithmes ont souvent été conçus en faisant l'hypothèse d'un petit nombre de copies. Par exemple, les algorithmes *Multiple-Reader-Single-Writer* (MRSW) sont clairement inadaptés à une utilisation à grande échelle, car toute opération d'écriture déclenche une invalidation coûteuse de toutes les copies de la donnée. De la même manière, les algorithmes de type *Home-Based, Multiple-Writer* reposent sur l'utilisation d'un nœud chargé de centraliser et sérialiser toutes les modifications concurrentes apportées à une donnée. Par ailleurs, la plupart des protocoles supposent une *configuration statique, sans déconnexions ni défaillances*. Par exemple, une éventuelle panne de l'unique écrivain d'une donnée gérée par un protocole MRSW bloquerait ce protocole. Quelques systèmes à MVP ont intégré des mécanismes permettant la tolérance de certaines fautes. Ces fautes sont toutefois supposées rares et considérées comme exceptionnelles. Cette hypothèse est totalement opposée à l'hypothèse de base des systèmes pair-à-pair présentés ci-dessous, dans lesquels les connexions et les déconnexions dynamiques, ainsi que les défaillances des nœuds et des connexions réseau sont des événements normaux. Rendre les systèmes à MVP hautement extensibles et adaptables à une architecture dynamique était donc un défi.

Systèmes pair-à-pair. L'apparition de ces systèmes part de l'observation qu'Internet est majoritairement composé de machines connectées par intermittence, qui constituent en quelque sorte sa *périphérie* (par opposition aux différents types de serveurs ayant une présence permanente et qui forment son cœur). Ces machines disposent de capacités non négligeables en termes de puissance de calcul, espace disque, etc. Le *modèle pair-à-pair* (en anglais *peer-to-peer*, P2P [94, 120]) a justement visé l'exploitation de ces ressources sous-utilisées dans le modèle classique d'Internet qui reposait surtout sur le modèle *client-serveur*. Dans le modèle P2P, chaque processus applicatif peut être à la fois client dans une transaction et serveur dans une autre. L'objectif initial de ce modèle est la réduction des coûts par agrégation des ressources disponibles sur Internet. L'approche P2P a été rendue populaire par les logiciels de partage de fichiers (Napster, Gnutella, KaZaA, etc.).

Propriétés. Une importante propriété de ces systèmes est leur *tolérance à la volatilité*. Les nœuds sont en général connectés de manière intermittente et ils reçoivent leur identité de manière dynamique. Les traitements ne sont plus centralisés sur un serveur mais répartis sur l'ensemble des nœuds, appelés pairs. Cette approche répond également au problème posé par le coût du stockage lorsqu'il s'agit de grandes masses de données, car elle permet de profiter des capacités de stockage de tous les nœuds du réseau. Par ailleurs, la réplication des services sur les nœuds permet d'assurer leur *disponibilité* malgré l'instabilité des connexions et des désignations. Enfin, une propriété extrêmement importante est *l'extensibilité* de ces systèmes. Cette propriété s'explique par la décentralisation et la réplication de la logique de contrôle du système, qui réduit la vulnérabilité causée par les défaillances éventuelles. Les expériences de déploiement des systèmes pair-à-pair ont le mérite d'avoir démontré que l'approche pair-à-pair est parfaitement adaptée au partage de données à grande échelle sur des configurations hautement dynamiques. Ces bonnes propriétés ont attiré l'attention de la communauté scientifique du domaine des systèmes distribués : de nombreux projets de recherche sur les systèmes P2P ont été lancées ces dernières années [124, 113, 134, 60, 80, 59, 114].

Limites. Il faut noter que la plupart de ces systèmes abordent le partage de données en lecture seule. Les données peuvent alors être partagées sans limiter le nombre de copies. En effet, lorsque les données sont modifiables, un mécanisme est nécessaire afin d'assurer la cohérence des copies répliquées. Ceci limite l'extensibilité du système, car le coût du maintien de la cohérence augmente avec le nombre de copies à gérer. La plupart des systèmes P2P existants font donc un compromis, en se limitant à la gestion de données non-modifiables afin de favoriser l'extensibilité. Récemment, quelques mécanismes permettant le partage de données modifiables au sein des réseaux P2P ont été proposés par des systèmes comme OceanStore [84], Ivy [99] et dernièrement Pastis [46]. Dans

	Transparence	Cohérence	Persistance	Tolérance à la volatilité	Performance
MVP	$\sqrt{}$	$\sqrt{}$	$\times$	$\times$	$\sim$
P2P	$\sim$	$\sim$	$\sqrt{}$	$\sqrt{}$	$-$

Tab. 2.3 – Récapitulatif des propriétés des systèmes à MVP et des systèmes P2P. $\sqrt{}$: propriété satisfaite ; $\times$: propriété non satisfaite ; $\sim$: propriété partiellement satisfaite. $-$: propriété non évoquée.

OceanStore, les modifications apportées par les différents nœuds à une donnée sont sérialisées par un ensemble de nœuds (anneau intérieur) qui les appliquent et ensuite les diffusent vers toutes les autres copies de la donnée. Chaque opération de ce type provoque la création d'une nouvelle version de la donnée. Néanmoins, ce mécanisme de sérialisation n'a pas prouvé son extensibilité et les mesures de performances rendues publiques font l'hypothèse que chaque donnée est modifiée par un seul nœud. Une approche permettant des écritures concurrents efficaces est proposée par le système Ivy, qui construit un système de fichiers pair-à-pair pour des données modifiables. L'extensibilité d'Ivy est tout de même limitée par plusieurs facteurs. En particulier, il introduit un ordre global des modifications apportées au système de fichiers, basé sur des horloges vectorielles dont la taille correspond au nombre de nœuds dans le système. Une telle approche est inappropriée pour une configuration à un très grand nombre de nœuds volatiles. Seul le système Pastis a été testé à plus grande échelle, jusqu'à 32 768 machines, mais par uniquement par simulation. Nous pouvons clairement conclure que la gestion de la cohérence des données modifiables représente un problème particulièrement difficile pour les systèmes de partage de données pair-à-pair. En effet, les solutions préliminaires proposées à ce jour ont l'inconvénient majeur : ils limitent l'extensibilité, c'est-à-dire la principale propriété qui rend ces systèmes attractifs !

Le tableau 2.3 donne une vision synthétique des propriétés et des limites des systèmes à MVP et des systèmes P2P par rapport aux critères d'évaluation que nous avons utilisés précédemment pour caractériser les systèmes de gestion de données pour grille. Nous pouvons constater que les systèmes à MVP permettent un partage cohérent de données de manière transparente, mais n'offrent pas de stockage persistant des données et visent plutôt une infrastructure d'exécution statique sans déconnexion ni défaillance. À l'opposé, les systèmes P2P permettent un stockage persistant des données malgré la volatilité des entités qui constituent ce type de systèmes, mais n'offrent pas de support adéquat pour le partage cohérent de données modifiables. Nous considérons que la performance des systèmes à MVP est moyenne, compte tenu de leurs moins bonnes performances par rapport aux systèmes à base de passage de messages. Pour les systèmes P2P, cette propriété est difficile à évaluer : ces systèmes n'ont pas été conçus pour le calcul à hautes performances et les métriques habituellement utilisées pour leur évaluation sont très spécifiques. Nous avons donc fait le choix d'indiquer que la propriété n'est pas évoquée, car difficilement évaluable. Toutefois, les performances d'un système P2P de partage de fichiers sont généralement moins bonnes qu'un système de fichiers classique tel que NFS.

La comparaison des deux types de systèmes nous mène à deux conclusions. Tout d'abord, on peut observer que ces systèmes ont des propriétés parfaitement complémentaires. Deuxièmement, aucun ne satisfait l'ensemble des contraintes que devrait satisfaire, à notre sens, un système de partage de données

	Systèmes à MVP	Service de partage de données	Systèmes P2P
Infrastructure d'exécution	Grappe de machines	Grille de calcul	Internet
Échelle	10^2	$10^3 - 10^4$	$10^5 - 10^6$
Volatilité	Nulle	Moyenne (heures)	Forte (minutes)
Hétérogénéité	Nulle	Moyenne	Forte
Contrôle des ressources	Fort	Moyen	Nul
Degré de confiance	Fort	Moyen	Nul
Type de données gérées	Modifiables	Modifiables	Non modifiables
Applications typiques	Calcul scientifique	Calcul scientifique, partage et stockage de données	Partage et stockage de données

TAB. 2.4 – Comparaison des hypothèses de travail.

en adéquation avec les caractéristiques des grilles et avec celles des applications de calcul numérique que nous visons. La question que nous nous sommes posée a été alors : est-il possible de construire un système hybride, qui combine les avantages de ces deux types de systèmes en les adaptant et en les couplant de manière adéquate ? C'est bien le sens de la démarche que nous avons entreprise.

2.4.2 Définition d'une approche intermédiaire

Afin de comprendre en quoi les systèmes à MVP et les systèmes P2P sont complémentaires, il est intéressant de regarder les hypothèses de travail de ces systèmes, et de constater qu'elles sont opposées. Ceci s'explique à la fois par les caractéristiques des infrastructures d'exécution visées et par les propriétés des applications correspondantes. Ainsi, les systèmes à MVP s'exécutent généralement sur une grappe de machines, dans un environnement statique, généralement homogène, composé de peu de machines, entre une dizaine et une centaine. À l'opposé, les systèmes P2P supposent un environnement hétérogène, très volatile, réparti à grande échelle, composé de plusieurs centaines de milliers, voire millions de machines. Un exemple typique est Internet.

Or, comme nous l'avons expliqué dans notre description des grilles de calcul (voir section 2.2), l'environnement d'exécution que nous visons se caractérise par :
- une échelle variant de 1 000 à 10 000 machines environ ;
- une volatilité moyenne, de l'ordre de quelques heures de présence par nœud ;
- une hétérogénéité moyenne, c'est-à-dire limitée à quelques types de machines utilisées pour construire des grappes homogènes.

Nos hypothèses de travail sont donc intermédiaires, situées entre celles des systèmes à MVP et celles des systèmes P2P. Le tableau 2.4 résume cette comparaison. Nous pouvons constater également que le degré de contrôle des ressources et le niveau de confiance qui en résulte sont aussi intermédiaires : il ne sont pas si forts que dans le cas d'une grappe pouvant appartenir à une seule institution, ni aussi faibles que dans le cas des réseaux pair-à-pair répartis sur Internet. Quant aux applications, leurs besoins ont un caractère hybride, puisqu'il s'agit d'applications de calcul scientifique (comme dans le cas des systèmes à MVP) dont l'exécution à grande échelle met en évidence de hautes exigences en termes de stockage et de partage de données (comme dans le cas des systèmes P2P).

	Transparence	Cohérence	Persistance	Tolérance à la volatilité	Performance
MVP	√	√	×	×	×
P2P	~	~	√	√	−
GDS	√	√	√	√	~

TAB. 2.5 – Systèmes à MVP, systèmes P2P, servie de partage de donnée : propriétés . √ : propriété satisfaite ; × : propriété non satisfaite ; P : propriété partiellement satisfaite. − : propriété non évoquée.

Notre analyse nous montre donc : 1) le caractère intermédiaire de nos hypothèses de travail par rapport à celles de systèmes à MVP et P2P ; 2) la complémentarité des propriétés des systèmes P2P et à MVP. Notre contribution est donc de proposer un service de gestion de données pour le calcul scientifique sur grilles, *en s'inspirant* essentiellement *des points forts respectifs des approches des systèmes à MVP et P2P*. Pour les systèmes P2P, il s'agit de l'échelle atteinte et de la tolérance à la volatilité. En revanche, pour les systèmes à MVP, les points forts sont un espace mémoire global accessible par des entités réparties de façon transparente vis-à-vis de la localisation des données, ainsi que les modèles et protocoles de cohérence. Notre *approche hybride* a pour objectif d'assurer le partage transparent et cohérent des données stockées en mémoire vive (comme dans le cas des systèmes à MVP) tout passant à une échelle plus large et en tolérant un niveau de volatilité inhabituel pour les systèmes à MVP, grâce à une conception fondée sur des techniques P2P. Nous appellerons ce système : *service de partage de données pour grilles* (en anglais *grid data-sharing service, GDS*).

Le tableau 2.5 positionne les propriétés visées pour notre système par rapport aux propriétés des systèmes à MVP et P2P. Nous les discutons brièvement ci-dessous.

Transparence. Dans un contexte où la gestion des données dans la plupart des grilles existantes reposait sur des mécanismes rudimentaires de transfert explicite des données entre les différents sites, notre objectif a été de fournir un *modèle d'accès transparent aux données*. Il s'agit de décharger les applications de la localisation et du transfert explicite des données entre les sites en ayant besoin. Le service localise les données et effectue automatiquement leur transfert à la demande des processus applicatifs. L'accès aux données par les applications est indépendant de leur localisation : il se fait via des identifiants globaux qui masquent la localisation des données. Cette propriété est directement inspirée par les systèmes à MVP.

Cohérence. Lorsqu'une même donnée est partagée par des processus applicatifs répartis sur plusieurs sites, les approches basées sur le modèle d'accès explicite aux données requièrent des transferts, des migrations, des réplications manuelles pour optimiser la localité des accès concurrents, ainsi qu'une gestion explicite de la cohérence de ces copies si l'une d'entre elle est modifiée par l'application. Le service de partage de données doit décharger les applications de la gestion de ces aspects. L'application définit un modèle et un protocole de cohérence pour chaque donnée et le service fournit les primitives nécessaires pour permettre les accès concurrents cohérents. Cette propriété est nécessaire pour les applications de calcul scientifique sur grilles que nous visons, telles que celles basées sur le couplage de codes. La réalisation de cette propriété repose sur des travaux classiques issus des recherches sur les systèmes à MVP. Ces travaux ont produit de nom-

25

breux modèles et protocoles de cohérence dont nous avons étudié les possibilités d'extension et d'adaptation aux environnements de type grille.

Persistance. Un autre objectif du service est de permettre la réutilisation des données déjà disponibles sur les différents sites de la grille, en évitant les transferts systématiques des données entre clients et serveurs. Ces transferts, typiquement redondants si plusieurs calculs s'enchaînent sur les mêmes données, restent encore très fréquents dans les environnements basés sur une gestion explicite des données, sans service qui en assure la persistance. Notre objectif est permettre un meilleur ordonnancement des calculs compte tenu de la localisation des données. S'agissant de partage de blocs de données en mémoire vive, nous entendons par *persistance* un temps de stockage supérieur à la durée de l'exécution d'une ou plusieurs applications qui ont besoin d'accéder de ces blocs de données. Le but n'est donc pas de stocker les données de manière pérenne comme dans le système Us [123], par exemple. Cette propriété de persistance est remplie par les systèmes P2P, où les donnés partagées peuvent être disponibles pendant de nombreux mois sur le réseau.

Tolérance à la volatilité et aux défaillances. Le service de partage de données doit rester opérationnel en dépit des défaillances et déconnexions qui peuvent avoir lieu dans l'environnement du service. Par exemple, une grappe de machines d'une grille de calcul peut être arrêtée puis redémarrée suite à des problèmes techniques. L'architecture et l'implémentation d'un service de partage de données doivent être en mesure de tolérer cette volatilité des ressources. Du point de vue des processus applicatifs, cette prise en charge d'éventuelles fautes doit être transparente et doit se caractériser tout au plus un par délai supplémentaire dans l'accès aux données. Par ailleurs, compte tenu de la propriété précédente de stockage persistant, des techniques adéquates de réplication des blocs de données sont nécessaires. Cette propriété est également illustrée par les systèmes P2P qui assurent la continuité de services qu'ils offrent malgré la volatilité des entités qui les composent.

Pour résumer, notre proposition n'a pas visé à fournir un système à MVP pour la grille, ni un système P2P pour le partage de données modifiables. Notre objectif est bien de définir un nouveau type de système pour la gestion de données sur grilles via le concept de *service de partage de données*. Nous avons bien vu qu'il s'agissait d'aborder des hypothèses intermédiaires et non de tenter l'impossible conciliation des contraires dans l'espoir d'atteindre à tout prix le meilleur des deux mondes !

2.4.3 Architecture générale du service

Nous abordons maintenant la structuration générale de notre proposition d'architecture. Elle montre comment nous avons conçu la conception d'un service de partage de données en nous appuyant sur des « briques logicielles » que nous avons adaptées et étendues. Nous avons baptisé cette architecture : JUX-MEM, pour *juxtaposed memory*[10]. La figure 2.6 en donne un premier aperçu. Nous nous contenterons ici d'une brève description des rôles des principales couches logicielles qui interviennent ; une présentation plus détaillée de leurs structure et de leurs interactions fera l'objet des deux chapitres suivants.

JUXMEM est organisé en trois couches instanciées par l'ensemble des pairs : le noyau *juk*, la couche de tolérance aux fautes et enfin la couche des protocoles de cohérence.

Noyau *juk*. Le noyau *juk* (pour JUXMEM *microkernel*) a un double rôle. D'une part, il fournit aux applications une interface de programmation pour accéder au service de partage de données pour allouer de l'espace de stockage, pour lire ou écrire des données. C'est l'objectif de la partie haute de *juk*. D'autre part, il comporte également une partie de bas niveau qui virtualise les fonctionnalités de quelques briques de base : publication et découverte de ressources ; communications inter-pairs ; stockage des données dans l'espace d'adressage des pairs. Ces briques correspondent à des fonctionnalités communes que l'on retrouve dans la plupart des systèmes P2P existants.

---

[10]un clin d'oeil au nom de la plate-forme pair-à-pair JXTA qui nous a servi de support, dont le nom est une contraction du mot *juxtapose*.

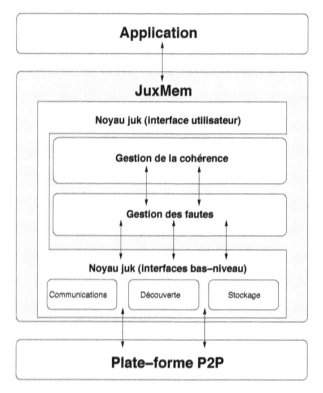

FIG. 2.6 – Hiérarchie des couches de l'architecture JUXMEM.

Cela permet justement d'éviter de construire notre service « à partir de zéro » et de bénéficier des efforts déjà faits dans le domaine des systèmes P2P. Mais le but est de s'abstraire de l'environnement pair-à-pair (P2P) choisi comme support pour l'implémentation de *juk*, afin de rendre les couches supérieures indépendantes vis-à-vis des spécificités éventuelles de cet environnement, et donc portables sur d'autres environnements similaires. C'est précisément l'un des objectifs de la partie basse de *juk*.

Couche de gestion de la cohérence. L'objectif de cette couche est de s'assurer du partage cohérent d'une donnée entre plusieurs clients du service. À cet effet, elle fournit les primitives génériques de base pour l'implémentation de protocoles de cohérence définis dans le cadre des travaux menés sur les systèmes à MVP. Son principe s'inspire fortement des travaux de notre thèse de doctorat [8], qui ont porté justement à la définition de la notion de mémoire virtuellement partagée *générique*. Actuellement, cette couche comporte deux protocoles hiérarchiques et tolérants aux fautes qui implémentent le modèle de la cohérence à l'entrée. Cette couche s'appuie sur la couche de gestion des fautes (voir ci-dessous) pour améliorer la disponibilité des entités critiques présentes dans les protocoles de cohérence. Le principe d'interaction entre les deux couches est décrit dans le chapitre 4. Par ailleurs, la couche des protocoles de cohérence interagit avec *juk* pour le stockage effectif des données dans l'espace d'adressage des fournisseurs de mémoire.

27

Couche de gestion des fautes. L'objectif de cette couche est de permettre au service de rester fonctionnel malgré les éventuelles pannes franches (ou *crashs*) ou fautes par omission (perte de messages), fautes qui peuvent se produire au niveau des entités intervenant dans la gestion de la cohérence d'un bloc de données. Cette couche de tolérance aux fautes repose sur l'utilisation de mécanismes classiques de l'algorithmique des systèmes distribués tels que la gestion des membres d'un groupe, la diffusion atomique, le consensus et des détecteurs de fautes. En se basant sur ces techniques, cette couche met en œuvre un mécanisme original de gestion de groupe auto-organisant hiérarchique qui permet de maintenir un degré de réplication suffisant par site d'une grille de calcul. Cette couche s'appuie sur *juk* pour ses besoins de communication mais également de découverte, par exemple des autres fournisseurs.

Enfin, il faut préciser qu'au niveau le plus bas, le service de partage de données repose sur une couche logicielle qui correspond à une plate-forme P2P habituelle. Cette couche ne fait pas partie du service. Nous faisons l'hypothèse (largement vérifiée dans la réalité) que nous disposons d'une plate-forme qui fournit des fonctionnalités minimales permettant aux pairs de se connecter au réseau, de communiquer entre eux par messages, de publier et de découvrir des ressources dans le réseau. De cette manière, nous pouvons coupler un tel système P2P avec nos couches logicielles de plus haut niveau, qui visent à fournir le partage transparent, d'une manière similaire aux systèmes à MVP : voici donc une illustration du couplage de solutions partielles que nous avons évoqué ! Pour notre mise en œuvre, nous avons choisi la plate-forme P2P JXTA proposée par Sun Microsystems, qui fournit l'ensemble de des fonctionnalités P2P nécessaires via deux implémentations, en Java et en C : JXTA-J2SE et JXTA-C.

La conception et la mise en œuvre de l'architecture générale du service, ainsi que celle, plus détaillée, du noyau *juk*, ont été réalisés dans le cadre de la thèse de doctorat de Mathieu Jan : ces contributions seront présentés d'une manière plus précise dans le chapitre 3. La gestion hiérarchique et conjointe de la cohérence et de la tolérance aux fautes ont fait l'objet des travaux de thèse de Sébastien Monnet et seront détaillées dans la chapitre 4.

Voici maintenant quelques détails concernant la mise en œuvre. Notre premier prototype implémentant l'architecture de JUXMEM reposait sur la bibliothèque JXTA-J2SE et a donc été codé en Java. Cette implémentation est appelée JUXMEM-J2SE. Toutefois, en raison de l'utilisation de JUXMEM par des intergiciels principalement développés en utilisant les langages C/C++ et pour des raisons de performance, nous avons progressivement basculé vers l'utilisation de la bibliothèque JXTA-C. Cette autre implémentation est appelée JUXMEM-C. Notons que ces implémentations sont compatibles entre elles. Ainsi, un réseau JUXMEM peut être composé d'une utilisation mixte des implémentations JUXMEM-C et JUXMEM-J2SE : un client JUXMEM-C peut dialoguer avec un fournisseur JUXMEM-J2SE par exemple. Les deux implémentations JUXMEM-C et JUXMEM-J2SE représentent respectivement 13 500 et 16 700 lignes de code (sans compter la plate-forme sous-jacente). Elles reposent respectivement sur JXTA-C 2.3 et JXTA-J2SE 2.3.5[11].

2.5 Discussion : les points-clés de notre méthodologie

La présentation de nos travaux que nous venons de faire s'est volontairement détachée des aspects techniques (qui seront développés dans les chapitres suivants), avec l'objectif de donner un premier aperçu global de notre contribution, de nos motivations et de nos lignes directrices. Revenons maintenant sur quelques points concernant notre méthodologie.

Notre travail a abordé le problème de la gestion transparente des données sous plusieurs angles : la localisation et le transfert des données ; la tolérance aux défaillances et à la volatilité ; les stratégies de d'optimisation des accès aux données tout en respectant les critères de cohérence. Étant donné que

---

[11]Une mise à jour pour utiliser JXTA-C 2.5 a été réalisée récemment. Les évaluations présentées dans les chapitres suivants reposent néanmoins sur JXTA-C 2.3.

ces différents aspects ont déjà été étudiés *séparément* dans des contextes proches (par exemple, celui du calcul sur des grappes – *cluster computing*), le principal défi était de les aborder *simultanément* : cette approche est une conséquence logique de l'étude des caractéristiques des infrastructures d'exécution que sont les grilles, notamment de l'échelle visée. Néanmoins, dans notre démarche, nous avons analysé ces travaux antérieurs en gardant à l'esprit quelques questions : quelles sont les limites de ces approches qui nous précèdent ? dans quelle mesure peut-on les adapter aux exigences des infrastructures de type grille ? quelles hypothèses doit-on modifier ? Les points-clés de notre démarche sont brièvement discutés ci-dessous.

Couplage et découplage. La présence simultanée des aspects que nous venons de mentionner nous amène à la question de la manière dont ces aspects doivent être traités dans la résolution du problème global. Une approche possible consisterait à les aborder ensemble et à construire une solution globale qui satisfasse toutes les contraintes posées. Cette approche remettrait sensiblement en compte les résultats issus des précédents efforts qui ne prennent pas en compte dès le départ l'ensemble des hypothèses. Notre choix a été différent. Nous avons avons décidé de *découpler* les différents aspects de notre problème et de chercher comment les solutions précédentes, qui ne prennent en compte qu'un sous-ensemble de nos hypothèses, pourraient être *couplées* pour répondre au problème global.

Réutilisation et adaptation. Le choix que nous venons de décrire a une conséquence importante : il rend possible la construction d'une solution globale basée sur la réutilisation, l'extension, l'adaptation et le couplage de solutions partielles, répondant chacune à un sous-ensemble de nos hypothèses. Comme nous l'avons expliqué, les systèmes à mémoire virtuellement partagée rendent transparente la localisation des données et proposent de riches modèles et protocoles de cohérence pour le partage de données en environnement distribuée ; les systèmes pair-à-pair quant à eux ont démontré leur viabilité pour le partage à très grande échelle, en environnement très dynamique. Nous pouvons y ajouter également les protocoles répartis de gestion de groupe tolérants aux fautes. Pour satisfaire simultanément l'ensemble des propriétés visées, notre approche a été basée sur l'extension, l'adaptation et le couplage de solutions partielles de ce type.

Intégration avec les modèles de programmation. Par ailleurs, nous avons porté une attention particulière aux besoins des applications. C'est pour cette raison qu'un point-clé de nos efforts a concerné la validation du modèle d'accès transparent aux données par son intégration dans différents modèles de programmation pour grilles. Nous avons exploré cette intégration avec le modèle GridRPC et avec les modèles à base de composants. Ceci nous a conduit a proposer des extensions ou des adaptations de ces modèles pour permettre aux applications correspondantes de bénéficier du partage transparent des données. Nous avons aussi étudié comment notre service pouvait s'intégrer concrètement avec d'autres systèmes de stockage de données pour grille, basés sur d'autres technologies : le système de fichiers pour grille Gfarm de l'Université de Tsukuba et de l'AIST, l'environnement à base composants ASSIST de l'Université de Pise, l'environnement basé sur Globus pour le support des grilles de connaissance développé à l'Université de Calabre. Tous ces aspects sont discutés dans le chapitre 5 de ce manuscrit.

Chapitre 3

Service de partage de données : une mémoire virtuellement partagée pair-à-pair ?

Dans le chapitre précédent nous avons décrit notre approche. Elle a consisté à construire le concept de service de partage de données pour grille en adaptant et en couplant des systèmes existants. Ce chapitre donne une illustration de ce principe : il explique comment l'abstraction d'une mémoire virtuellement partagée peut être offerte en utilisant des mécanismes issus des systèmes P2P. Il a pour objectif d'illustrer de manière plus concrète les problèmes posés par ce couplage et les choix que nous avons effectués.

3.1 Modèle d'accès aux données

L'objectif premier du service, rappelons-le, est de fournir l'abstraction d'un modèle d'accès transparent aux données en prenant en charge automatiquement la gestion de la localisation, de la cohérence des données et de la tolérance aux défaillances. Ce modèle se traduit par la proposition d'une interface de programmation adéquate qui se doit d'être simple est la plus naturelle possible. Cette interface s'inspire de celle des systèmes à MVP. Elle se compose de plusieurs primitives qui peuvent être regroupées en deux catégories : primitives d'allocation mémoire et primitives d'accès aux données.

Allocation mémoire. L'allocation et la libération d'espace mémoire se fait via des primitives inspirées des fonctions standard du langage C, familières aux développeurs d'applications. À titre d'illustration, nous nous limitons ici à la présentation succincte des principales primitives (pour une présentation complète, le lecteur peut se référer à [79]). L'ensemble des espaces mémoire alloués pour une donnée sont désignés de manière globale et unique par un *identifiant de données*, que nous notons data_id.

void* juxmem_malloc(size_t size, char **data_id, void *param). Cette primitive permet d'allouer un ensemble d'espaces mémoire dans le service de partage de données. Cette allocation est paramétrée par l'argument param, qui spécifie le protocole de cohérence, le nombre de sites (grappes) à utiliser pour répliquer la donnée, le degré de réplication par site ainsi que le protocole de tolérance aux fautes associé au bloc de données.

void juxmem_free(char *data_id). On utilise cette primitive pour signifier qu'on n'a plus besoin de stocker la donnée identifiée par data_id dans JUXMEM. Cela reviendrait à libérer l'ensemble des espaces mémoire alloués, mais la destruction de l'ensemble des copies n'est pas garantie si certaines copies sont temporairement inaccessibles à cause d'une défaillance, par exemple.

Toutefois, même si les pairs stockant ces copies redevenaient fonctionnels, l'accès à la donnée correspondante n'est plus autorisée par le service.

Les primitives suivantes permettant d'accéder aux données partagées déjà stockées dans notre service (éventuellement par d'autres processus).

void* juxmem_mmap(void *ptr, size_t size, char *data_id, off_t off). Cette primitive permet de projeter à l'adresse ptr du processus applicatif len octets de la donnée identifiée par data_id à partir de l'offset off.

void juxmem_unmap(void *ptr). Cette primitive détruit la projection effectuée à l'adresse ptr du processus applicatif d'une donnée partagée via le service. En outre, l'espace mémoire local est libéré. Toutefois, notons bien que les espaces mémoire utilisés pour stocker la donnée dans le service n'est pas libéré : la donnée reste accessible par d'autres processus applicatifs.

Accès aux données. L'un des objectifs du service de partage de données est de garantir la cohérence des accès concurrents, alors que de manière interne la donnée est potentiellement répliquée. L'approche qui nous a semblée la plus naturelle a été de nous appuyer sur les modèles et les protocoles de cohérence développés dans le cadre des systèmes à MVP. Le choix du modèle et de du protocole de cohérence qui l'implémente ne sont pas imposés par le service de partage de données : c'est l'utilisateur qui exprime son choix lors de l'allocation de l'ensemble des espaces mémoire pour le stockage de la donnée partagée associée. Nous avons donc opté pour une architecture inspirée par la notion de MVP générique, proposée dans le cadre de ma thèse [8]. Cette approche revient à : 1) définir un ensemble d'événements génériques qui déclenchent des actions de cohérence (ce qui se traduit par la définition d'une interface de programmation correspondant aux actions à effectuer lorsque ces événements se produisent) ; et 2) fournir ensuite les briques de bases permettant de construire des protocoles de cohérence qui implémentent cette interface de programmation. Cette approche est expliquée avec plus de détails dans le chapitre 4. Retenons pour l'instant que nous avons fait le choix d'offrir le support pour des modèles de cohérence relâchée, plus adaptés à une exécution répartie à grande échelle. Plus particulièrement, nous avons retenu le *modèle de cohérence à l'entrée* [42] (en anglais *entry consistency*, EC) comme modèle de référence. Dans ce modèle, un verrou est associée à chaque donnée. La cohérence des accès à une donnée n'est alors garantie que si ces accès sont encadrés par une acquisition, respectivement libération, du verrou associé. Ceci permet d'implémenter le modèle de cohérence par un protocole optimisé qui associe la mise à jour des copies aux actions de synchronisation : seuls les processus qui déclarent qu'ils vont accéder aux données seront mis à jour. De plus, ne seront mises à jour que les données qui seront effectivement modifiées. Enfin, ce modèle autorise plusieurs processus à lire en parallèle une même donnée (modèle *Multiple Readers Single Writer*, (MRSW) en anglais). En effet, deux primitives permettent de distinguer les accès exclusifs pour écrire, des accès non exclusifs pour lire.

void juxmem_acquire(void *ptr). Cette primitive permet au processus applicatif appelant d'acquérir l'accès exclusif à la donnée partagée dont une copie est localement accessible via la pointeur ptr. L'appel est bloquant jusqu'à l'obtention du verrou. Ensuite, le processus est assuré d'avoir un accès exclusif à la donnée jusqu'à la libération du verrou.

void juxmem_acquire_read(void *ptr). De manière analogue, cette primitive permet d'acquérir l'accès en lecture à la donnée partagée. L'appel est également bloquant jusqu'à l'obtention du verrou. Notons en revanche que plusieurs processus peuvent obtenir le verrou en parallèle et lire de manière concurrente des copies de cette donnée. Par contre, les potentiels écrivains concurrents sont bloqués.

void juxmem_release(void *ptr). Cette primitive permet au processus applicatif de libérer le verrou associé à la donnée partagée, quel que soit le type du verrou, exclusif ou non. La donnée est identifiée dans l'espace d'adressage du processus local par le pointeur ptr. Le verrou ainsi

```
char *ptr = NULL;

ptr = juxmem_malloc(100, &data_id,
                        ...);
ptr = (char*) memset((void*) ptr,
                     'a', 99);
ptr[99] = '\0';

< synchronisation >

for (i = 0; i < 99; i++) {
  juxmem_acquire(ptr);
  ptr[i]++;
  juxmem_release(ptr);
}
```

```
char *ptr = NULL;

< synchronisation >

ptr = juxmem_mmap(ptr, 0,
                  data_id, 0);

for (i = 0; i < 99; i++) {
  juxmem_acquire_read(ptr);
  printf("Read: %s\n", ptr);
  juxmem_release(ptr);
}
```

FIG. 3.1 – Illustration de l'utilisation des primitives pour l'accès cohérent à un tableau partagé par deux processus applicatifs. Le code de synchronisation entre les deux processus n'est pas détaillé, pour des raisons de lisibilité.

libéré pourra attribué à l'un des éventuels processus applicatifs en attente. Le choix de favoriser les lecteurs ou les écrivains est laissé libre à l'implémentation.

Un exemple d'utilisation de notre interface pour accéder à un tableau partagé est donné sur la figure 3.1. Ainsi, le processus A crée un tableau identifié par data_id et écrit la valeur a (code hexadécimal 0x61), dans chacune de ses cases, sauf la dernière (pour en faciliter l'affichage en tant que chaîne de caractères). Puis, le processus boucle en écriture sur les 99 premières valeurs en incrémentant la valeur de chaque case. De son côté, le processus B projette la donnée partagée dans son espace d'adressage, avant d'itérer en lecture les 99 cases de la donnée. Le code de synchronisation n'est pas représenté dans e détail, pour plus de simplicité. Observons que chaque processus applicatif dispose dans son espace d'adressage d'une copie de la donnée partagée via notre service de partage de données, qu'il accède à travers un simple pointeur. Les processus peuvent donc *lire et écrire directement* cette donnée, par exemple à travers la primitive classique memset, ou via un mécanisme d'adressage par tableau comme dans l'exemple.

3.2 Conception fondée sur le paradigme pair-à-pair

3.2.1 Des groupes hiérarchiques

L'accès efficace aux données partagées fait partie de nos objectifs. Ceci requiert la prise en compte des caractéristiques physiques des grilles de calcul, notamment de sa topologie hiérarchique en termes de latence réseau. Comme expliqué en section 2.2, les communications entre deux machines appartenant à un même site peuvent être 1000 à 10000 fois plus rapides que si les machines appartenaient à des sites différents. Ce point est crucial dans la conception de notre service qui doit tenir compte de cette hiérarchie et minimiser les communications entre sites distincts. À cet effet, JUXMEM utilise la notion de *groupes* que l'on retrouve dans beaucoup de systèmes P2P. À chaque grappe de machines on associe un groupe appelé CLUSTER. La figure 3.2 représente trois groupes CLUSTER A, B et C au-dessus d'une grille constituée de trois grappes de machines A, B et C. La connaissance de la topologie réseau sous-jacente permettra de de mettre en œuvre des protocoles de cohérence ou de gestion de verrous hiérarchiques adaptés. Par ailleurs, la notion de groupe permet également de mettre en place des mécanismes spécifiques au niveau des protocoles et services disponibles au sein de chaque groupe. Ceci est en adéquation avec la situation fréquente où des politiques et des services homogènes sont mis en place sur chaque site d'une grille. De plus, la notion de groupe permet de rendre transparents vis-à-vis de l'extérieur certains événements internes : typiquement, la volatilité des fournisseurs d'un groupe CLUSTER n'impacte pas celle de fournisseurs d'un autre groupe CLUSTER. Toutefois, les différents groupes CLUSTER doivent communiquer entre eux. Pour cette raison, l'ensemble des processus présents dans JUXMEM font partie du groupe appelé JUXMEM, représenté à la figure 3.2. Ce groupe définit ce que nous appelons le réseau virtuel JUXMEM, ou plus simplement et par abus de langage, le réseau JUXMEM. Enfin, pour chaque donnée partagée, un groupe DATA définit l'ensemble des nœuds qui en hébergent une copie. Comme le montre la figure 3.2, ce type de groupe peut être composé de nœuds répartis sur plusieurs grappes. C'est au sein de ce groupe que l'on gère la cohérence des copies, tout en tenant compte de la volatilité éventuelle des nœuds. Ces aspects sont détaillés dans le chapitre 4.

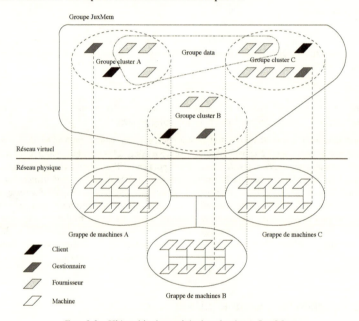

FIG. 3.2 – Hiérarchie des entités dans le réseau JUXMEM.

3.2.2 Architecture générale : groupes et pairs

Notre conception suit une approche P2P : par conséquent, chaque processus participant à notre système peut être à la fois fournisseur et utilisateur du service de partage de données. Nous avons défini 3 rôles possibles pour chaque tel pair : *client, fournisseur* ou *gestionnaire*.

Client. Un client est un processus qui utilise le service de partage de données pour stocker ou accéder à un ensemble de données. Il peut s'agir soit d'un processus applicatif, soit d'un intergiciel sur lequel repose le code applicatif. Dans ce dernier cas, l'intergiciel interagit avec le service de partage de données de manière transparente pour le code applicatif.

Fournisseur (en anglais *provider*). Un fournisseur est un processus qui met de l'espace mémoire à

34

disposition des clients potentiel à travers le service de partage de données.

Gestionnaire (en anglais *manager*). Un gestionnaire est un processus qui gère un ensemble de fournisseurs et de clients, généralement proches physiquement. Typiquement, dans chaque groupe CLUSTER on place un tel gestionnaire. Chaque gestionnaire dispose d'un *cache local* pour pouvoir stocker les informations sur les espaces mémoire mis à disposition par ses fournisseurs. Son rôle est de fournir aux clients une vision globale de l'espace de stockage mis à leur disposition sur un réseau JUXMEM.

Les gestionnaires s'organisent en un graphe complet et forment l'épine dorsale (*backbone*) du réseau JUXMEM. À tout moment, chaque gestionnaire dispose d'une *vue locale* sur les autres gestionnaires présents dans le groupe JUXMEM[1]. Un algorithme de surveillance et de maintenance du réseau logique formé par les gestionnaires permet la convergence de ces vues locales vers une vue globale de l'ensemble des gestionnaires présents. Notons que si les fournisseurs étaient très nombreux, cette approche ne serait pas extensible et limiterait le passage à l'échelle du réseau logique. Il serait alors plus intéressant d'utiliser des techniques de type *gossip* reposant sur des échanges aléatoires d'informations avec les voisins. Notre cas typique correspond néanmoins à la mise en place d'un ou deux gestionnaires par site (donc par groupe CLUSTER). Le nombre total de gestionnaires est alors de l'ordre de la dizaine, ce qui permet de justifier leur interconnexion en graphe complet.

En revanche, chaque client ou fournisseur est connecté à un seul gestionnaire à un moment donné. Cette connexion est régie par un *abonnement* : il permet aux clients d'utiliser le service et aux fournisseurs de l'offrir. Notons qu'un abonnement n'est valide que pour une certaine période de temps et doit être régulièrement renouvelé par les fournisseurs et les clients. En cas de défaillance d'un gestionnaire, ses fournisseurs et les clients associées peuvent chercher un autre gestionnaire et s'y connecter. Enfin, dans un réseau JUXMEM, chaque pair fait à la fois partie du groupe JUXMEM global et d'un groupe CLUSTER.

La figure 3.2 illustre un exemple de réseau JUXMEM. Même si chaque processus peut jouer plusieurs rôles à la fois, nous avons choisi, pour des raisons de clarté, de représenter une configuration où chaque pair ne joue qu'un seul rôle.

3.2.3 Projection sur les concepts proposés par JXTA

L'architecture logique que nous venons de décrire peut être mise en œuvre en utilisant des services de base que l'on peut retrouver dans de nombreux systèmes P2P. Comme support pour notre mise en œuvre, nous avons choisi la plate-forme générique JXTA de Sun Microsystems [129]. Nous ne nous proposons pas de présenter ici les détails de cette spécification (le lecteur intéressé peut se référer à [155]). Retenons seulement que JXTA fournit les abstractions P2P les plus communes : pair, groupe de pairs, ainsi qu'un ensemble de protocoles de découverte de ressources, de communication inter-pairs par des canaux virtuels, etc. La figure 3.3 reprend le réseau JUXMEM illustré sur la figure 3.2 et montre comment nos groupes logiques peuvent être représentés en utilisant le concept de groupe de pairs fourni par JXTA. De même, chaque rôle de l'architecture JUXMEM est projeté sur un type de pair JXTA comme suit.

Projection sur les groupes JXTA. JXTA propose une notion de groupe de pairs, avec des services associés au groupe : ces services sont rendus par un ensemble de pairs pouvant potentiellement collaborer pour y parvenir. Notre mise en œuvre de l'architecture JUXMEM (JUXMEM-C et JUXMEM-J2SE) hérite et étend les services de groupe de JXTA. Ainsi, le groupe JUXMEM est un groupe JXTA qui en plus des services habituels d'un groupe JXTA (service de découverte, de communication par canal virtuel, de rendez-vous, etc.) définit le service de partage de données JUXMEM en

---

[1]Nous faisons l'hypothèse que la mise en œuvre de cette vue locale est fournie par l'exécutif P2P utilisé de manière sousjacente.

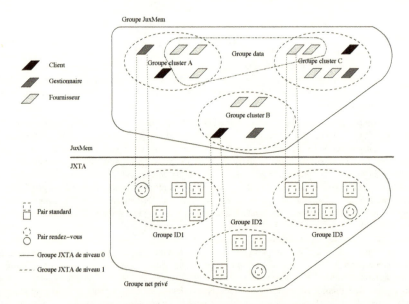

FIG. 3.3 – Projection des entités JuxMem sur les entités JXTA.

tant que *service* JXTA . Ce dernier respecte l'interface de programmation mise à disposition d'un développeur de services JXTA. Ce service comprend tous les pairs participants (niveau 0). Les groupes CLUSTER définis dans l'architecture JuxMem sont également des groupes JXTA. Ils ne définissent pas de services particuliers supplémentaire ; ils sont inclus dans le groupe JuxMem (niveau 1). La figure 3.3 présente trois instances de ces groupes CLUSTER, chacun disposant de son propre identifiant *ID1*, *ID2* et *ID3*.

Projection sur les pairs JXTA. JXTA propose deux principaux types de pairs : des pairs standard, dotés de capacités de communication, et des pairs de rendez-vous (super-pairs) qui en plus ont pour rôle de maintenir le réseau logique JXTA ; ils sont organisés sous forme de table de hachage distribuée relâchée et jouent un rôle central dans le fonctionnement du protocole de publication et de découverte des ressources. En effet, chaque pair standard est connecté à un pair de rendez-vous qui gère et retransmet toutes ses requêtes de publication et de découverte de ressources. Cette structure de réseau logique hiérarchique correspond à nos besoins, notamment pour l'implémentation de notre algorithme d'allocation mémoire (voir section 3.3.1). Comme le montre la figure 3.3, les pairs fournisseurs et clients de JuxMem correspondent à des pairs standard JXTA. En revanche, les pairs gestionnaires sont projetés sur des pairs rendez-vous également à la fois dans le groupe JuxMem et leur groupe CLUSTER. Les pairs fournisseurs et clients sont donc interconnectés à leurs pairs gestionnaires d'une part dans le groupe JuxMem, d'autre part dans le groupe CLUSTER dont ils dépendent.

3.2.4 Abstraire les mécanismes P2P : le noyau *juk*

Une illustration plus concrète de la manière dont l'architecture JuxMem utilise les mécanismes P2P fournis par JXTA est fournie via ce que nous appelons le *noyau* de l'architecture JuxMem : *juk* (pour

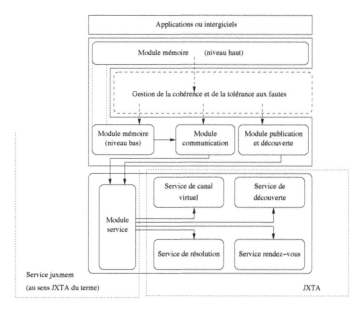

FIG. 3.4 – Structuration en modules et dépendances envers les spécifications JXTA du noyau de l'architecture JUXMEM appelé *juk*.

JUXMEM *kernel*). L'objectif de *juk* est double.

1. Il implémente la spécification du service de partage de données en fournissant aux applications l'interface d'allocation et d'accès aux données que nous venons de décrire. C'est le rôle de la « partie haute » de *juk*.

2. Il abstrait les mécanismes pair-à-pair de bas niveau et fournit aux couches de protocoles de cohérence et de tolérance aux fautes une interface de programmation de plus haut niveau, indépendante de la bibliothèque P2P utilisée. C'est le rôle de la « partie basse » de *juk*.

La figure 3.4 présente les modules qui composent les deux parties de *juk* et leurs interactions. La partie basse de *juk* est constituée d'un module mémoire, d'un module de communication entre pairs, d'un module de publication et de découverte de ressources et enfin d'un module service. Le module mémoire est composé d'une partie haute, utilisée par les développeurs d'applications ou d'intergiciels pour le partage de données. Sa partie basse et les autres modules servent à la couche de gestion des fautes et à la couche de gestion de la cohérence. La partie basse du module mémoire dépend en partie du module de communication. Enfin, tous les modules de la partie basse de *juk* utilisent le module service.

Notons que, dans cette architecture, seule la partie basse de *juk* repose directement sur la plate-forme P2P sous-jacente, en l'occurrence, sur la spécification JXTA. Plus précisément, l'implémentation actuelle du module communication repose sur le service de communication par canal virtuel de JXTA, alors que l'implémentation du module de publication et découverte utilise le service de découverte de JXTA. Enfin, le module mémoire dépend du service de rendez-vous de JXTA en charge de la gestion des pairs standards aux super-pairs. Toutes ces dépendances passent par le module service. Enfin, le module service lui-même repose sur le service de rendez-vous. Pour une présentation détaillée des services

JXTA, voir [129]. Le deuxième objectif de *juk*, qui consiste à rendre l'architecture JuxMem indépendante de la technologie P2P sous-jacente, est donc atteint en isolant l'ensemble des dépendances que nous venons de décrire au sein de ce module service. L'interface de programmation externe offerte par *juk* aux développeurs des couches supérieures est définie de manière de manière abstraite, indépendamment des spécificités des mécanismes P2P de bas niveau.

3.3 Mise en oeuvre du noyau JuxMem : la gestion de la mémoire

À titre d'exemple d'utilisation des mécanismes P2P dans l'architecture JuxMem, nous avons choisi de présenter ici la gestion de la mémoire. Les questions que l'on se pose dans ce contexte sont les suivantes :
- quelles sont les ressources disponibles sur le réseau pour satisfaire une requête d'allocation donnée ?
- lorsqu'une ressource devient disponible dans le réseau, qui doit en être informé ?
- où peut-on trouver une copie d'une donnée ?

Ces questions renvoient bien évidemment à des requêtes typiques des systèmes P2P. Dans la suite de cette section, nous décrivons les mécanismes P2P utilisés pour deux opérations : *l'allocation mémoire* et *l'accès à une donnée partagée* présente dans le service.

3.3.1 Allocation mémoire pair-à-pair

Regardons tout d'abord le format général d'une requête d'allocation émise par un client et sa sémantique.

Allouer l'espace nécessaire pour stocker une donnée d'une taille x, avec les paramètres suivants : le stockage se fera dans n sites différents d'une grille, avec m copies par site ; les données devront être gérées par le protocole de cohérence C et la tolérance aux fautes par le protocole F.

En dehors de la taille x de la donnée (en octets), plusieurs paramètres entrent donc en jeu dans cette requête : 1) le nombre n de sites sur lesquels il faut répliquer la donnée et 2) le degré m de réplication intrasite ; 3) le protocole de cohérence ; 4) le protocole de tolérance aux fautes. L'ensemble de ces paramètres peuvent être spécifiés via l'argument *param* de la primitive `juxmem_malloc` décrite à la section 3.1. Nous allons nous intéresser ici aux deux premiers paramètres concernant la réplication : ils permettent de contrôler le placement des espaces mémoire de manière hiérarchique afin de prendre en compte la topologie physique de l'infrastructure sous-jacente. À travers ces paramètres, on peut exprimer le souhait qu'une donnée puisse être accédée localement par plusieurs codes de simulation répartis sur plusieurs sites, par exemple dans le cadre d'une application de *couplage de code*, (voir section 2.2). En effet, chaque code s'exécute sur une grappe et nécessite l'accès à un ensemble de données partagées entres les différents codes, justifiant l'existence du paramètre n. On peut utiliser le paramètre m pour tolérer plusieurs fautes simultanées dans chaque grappe : typiquement $\lfloor \frac{m-1}{2} \rfloor$ fautes simultanées au sein de la même grappe pourront être tolérées sans que le service devienne indisponible[2].

L'allocation mémoire dans JuxMem utilise un protocole réparti qui s'inspire des mécanismes de routage des systèmes P2P. Chaque client JuxMem est rattaché à un gestionnaire (super-pair), auquel il adresse ses requêtes. Ce gestionnaire dispose d'une vue locale des autres gestionnaires, vers lesquels il retransmet les requêtes de ses clients. La décision d'orienter une requête d'allocation mémoire vers un gestionnaire plutôt qu'un autre se base sur la connaissance de l'état des autres gestionnaires. En effet, à cette vue locale est associé l'état des espaces mémoire offerts par chaque gestionnaire. Les informations

---

[2]Limite imposée par le protocole de consensus [53] utilisé dans l'implémentation de JuxMem. Pour plus de détails, voir le chapitre 4.

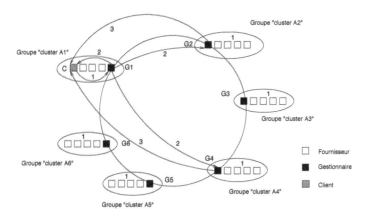

FIG. 3.5 – Étapes de l'algorithme d'allocation mémoire de JUXMEM.

sont la taille totale et le nombre de fournisseurs dans chaque groupe CLUSTER dont un gestionnaire a la charge. La mise à jour de ces informations se fait par inclusion de ces informations dans chaque message émis par le mécanisme de convergence des vues locales des gestionnaires (en anglais *piggybacking*). Cette solution permet d'obtenir un algorithme qui utilise deux ensembles de communications intersites en parallèle : un pour la propagation de la requête aux gestionnaires, puis un pour les réponses.

Exemple. La figure 3.5 illustre à travers un exemple les différentes étapes de cet algorithme. Elles sont par ailleurs décrites ci-dessous. Dans cet exemple, le client C émet une demande d'allocation mémoire avec comme paramètres : $x = 10$ (taille de la donnée), $n = 3$ (nombre de sites) et $m = 2$ (degré de réplication par site).

1. Le client du groupe CLUSTER $A1$ soumet sa requête d'allocation mémoire au gestionnaire $G1$ auquel il s'est abonné.

2. Le gestionnaire $G1$ sera l'un des trois sites sur lesquels la donnée sera répliquée (nous suppo- sons dans cet exemple que son groupe CLUSTER contient 2 fournisseurs permettant de stocker la donnée). Restent à trouver deux autres sites qui remplissent cette condition. Sa vue locale sur les autres gestionnaires lui indique qu'il peut transmettre à $G2$ et $G4$, qui semblent pertinents. Par ailleurs, $G1$ va retourner au client C une liste de deux fournisseurs (car $m = 2$) capables d'héberger une copie de la donnée, et mettre à jour son cache pour tenir compte de cette allocation.

3. De manière similaire, les gestionnaires $G2$ et $G4$ vont chacun retourner au client C une liste de deux fournisseurs capables d'héberger une copie de la donnée. Ils vont également actualiser leurs caches.

Après réception de toutes les réponses, le client dispose d'une liste de fournisseurs qui peuvent satisfaire sa requête. Il va donc pouvoir demander à l'ensemble de ces fournisseurs de constituer un groupe DATA D. Par la suite, le client C va alors directement dialoguer avec ce groupe D pour l'accès à la donnée. Ce sera également le cas de tout autre client désirant accéder à la donnée.

Par ailleurs, nous pouvons considérer dans ce mécanisme que les fournisseurs retournés au client sont réservés. Ainsi, si cette liste de fournisseurs n'est pas utilisée au bout d'un temps borné, les espaces mémoire réservés sont considérés comme libres et utilisables par une nouvelle exécution de l'algorithme. Enfin, notons que, si la volatilité affecte des fournisseurs retournés au client, une fois le groupe DATA constitué, c'est à la charge du protocole de tolérance aux fautes de demander de trouver un nouveau fournisseur susceptible d'héberger une copie de la donnée. Ces aspects sont discutés dans le chapitre 4.

3.3.2 Accès aux données partagées par les pairs

L'allocation d'espaces mémoire dans JUXMEM a pour effet la création d'un groupe DATA ayant pour rôle d'assurer la disponibilité d'un certain nombre de copies cohérentes de la donnée dans un environnement potentiellement volatile. L'identifiant de ce groupe correspond en réalité à *l'identifiant de la donnée*, tel que nous l'avons introduit à la section 3.1. Il est retourné au code applicatif en sortie de l'appel à la primitive juxmem_malloc. En outre, cet identifiant est diffusé au sein du réseau JUXMEM par l'ensemble des fournisseurs du groupe DATA de la donnée, à la fois dans le groupe JUXMEM et dans le ou les groupes CLUSTER contenant des fournisseurs qui hébergent une copie de la donnée. Cette publication permet de rendre la donnée accessible à d'autres clients éventuels. Ces accès peuvent se faire via la primitive juxmem_mmap : lorsqu'elle est appelée, notre service de partage de données va de manière automatique et transparente localiser la donnée via une requête à partir de l'identifiant de la donnée. Cette opération repose sur le protocole de découverte fourni par la plate-forme P2P sous-jacente. Ceci se déroule en trois étapes.

1. Une recherche P2P dite *locale* est lancée dans le groupe CLUSTER dont dépend le client qui souhaite accéder à la donnée. L'objectif est de trouver une copie proche pour optimiser le temps d'accès à la donnée. L'algorithme ne se bloque pas en attente d'une éventuelle réponse par un client ou un fournisseur.

2. En parallèle, une recherche P2P dite *globale* est lancée dans le groupe JUXMEM. L'objectif est de trouver un ou plusieurs fournisseurs hébergeant un copie de la donnée, et cela quelle que soit la localisation de ces copies dans le réseau JUXMEM.

3. Lors de la réception d'une première réponse, une copie de la donnée est créée dans la mémoire du client appelant et un pointeur vers cette zone de mémoire locale est retourné par la primitive juxmem_mmap. Si aucune réponse n'est reçue au bout d'un certain temps, par défaut de 10 secondes, la primitive retourne la valeur nulle.

Par la suite, la donnée peut être manipulée via les primitives d'accès aux données présentées plus haut (cf. section 3.1).

3.4 Micro-évaluation des opérations élémentaires

Cette section présente simplement une micro-évaluation expérimentale permettant d'apprécier les performances brutes de JUXMEM. Nous nous intéressons au coût des accès en lecture et en écriture, tel qu'il peut être perçu au niveau applicatif. Plus loin, au chapitre 4 nous allons également nous intéresser au coût de la tolérance aux fautes. Des évaluations plus complètes sont présentées dans les thèses de Mathieu Jan [79] et de Sébastien Monnet [96].

Configuration expérimentale. Nous avons réalisé plusieurs expérimentales sur la plate-forme expérimentale Grid'5000 [48], en utilisant un ou plusieurs sites. Les mesures présentées ici ont été obtenue sur le site de Rennes. Les machines utilisées sont équipées de biprocesseurs Opteron d'AMD cadencés à 2,0 GHz, munis de 2 Go de mémoire vive et exécutant la version 2.6 du noyau Linux. Le réseau de communication intrasite utilisé est Gigabit Ethernet. L'ensemble des programmes de micro-évaluations de JUXMEM-C 0.3 ont été compilés avec gcc 4.0 (niveau d'optimisation -O2).

Le réseau JUXMEM utilisé pour ces mesures est formé d'un client, d'un gestionnaire et d'un fournisseur ($f = 1$ pour la première expérience) ou deux ($f = 1$ pour la deuxième expérience). Chaque processus a été déployé sur une machine distincte. Le client alloue une zone mémoire A (via un appel à

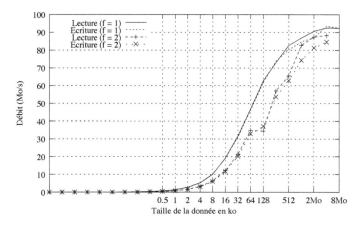

FIG. 3.6 – Débit des opérations de lecture et d'écriture de JUXMEM-C 0.3 pour un nombre variable de fournisseurs (f).

juxmem_malloc pour une donnée D et l'initialise. La donnée est stockée sur le(s) fournisseur(s). Ensuite, cette donnée est projetée par le client dans une autre zone mémoire de son espace d'adressage, notée B (avec $A \neq B$). Pour simuler les écritures et des lectures entrelacées exécutées par deux clients, le client C alterne des écritures sur la totalité de la donnée stockée dans la zone mémoire A, avec des lectures depuis la zone mémoire B. Ces accès déclenchent des mises à jour de la donnée sur le(s) fournisseur(s) et donc des transferts entre le client et le(s) fournisseur(s). En conséquence, la zone mémoire B doit être intégralement mise à jour à chaque itération. Nous mesurons les performances globales des accès. Pour les lectures, nous incluons le coût des appels requis pour la synchronisation : juxmem_acquire_read, juxmem_release ; pour les écritures, nous incluons le coût des appels à juxmem_acquire, memset, juxmem_release. Dans chacune des expériences, nous faisons varier la taille d de la donnée de 4 octets à 8 Mo. L'ensemble des mesures présentées sont calculées sur la base de la moyenne de 100 itérations. Enfin, ces tests sont réalisés avec JUXMEM configuré sans l'utilisation de l'encodage XDR, car il s'agit d'une configuration homogène où tous les processeurs sont du même type. La figure 3.6 présente les résultats obtenus en termes de débit pour les performances des opérations de lecture et d'écriture.

Coût des accès à une donnée non répliquée. Nous pouvons observer que, lorsque la donnée est stockée sur un seul fournisseur, le débit maximal atteint est sensiblement le même en lecture et en écriture : 92 Mo/s (pour des valeurs de d supérieures ou égales à 4 Mo). Cela représente 79 % des capacités disponibles (en comparaison, les performance d'une *socket* C sont 116,5 Mo/s). Le débit est donc raisonnable dans ce cas. Le faible débit pour de petites tailles de données (inférieur à 20 Mo/s lorsque d est égal à 32 ko, par exemple) est la conséquence d'une latence importante : 660 μs en lecture et en écriture. Ces fortes valeurs s'expliquent essentiellement par le nombre de messages réseau nécessaires pour effectuer les accès, compte tenu des opérations de synchronisation : demande de verrou ; acquittement et transfert de la donnée ; relâchement du verrou (avec transmission de la donnée actualisée, dans le cas d'une écriture) ; acquittement du relâchement du verrou. Pour plus d'explications sur le fonctionnement interne et sur les performances du protocole de cohérence hiérarchique, le lecteur peut se référer à [96].

41

Coût des accès à une donnée répliquée. Analysons maintenant le cas où $f = 2$, c'est-à-dire lorsque la donnée est répliquée sur deux fournisseurs. Le débit des accès à des données de taille supérieure à 4 Mo atteint 88 Mo/s en lecture et 84 Mo/s en écriture. Comparés aux chiffres précédents, ces résultats sont plutôt satisfaisants : ils s'expliquent principalement par la mise à jour *asynchrone* du fournisseur non séquenceur. Dans le cas où $f = 2$, la latence est de 1150 μs pour une lecture et de 1100 μs pour une écriture. Ce surcoût important est dû à l'utilisation de mécanismes de gestion de la tolérance aux fautes nécessaires du côté fournisseur. Ces mécanismes nécessitent la gestion de la cohérence des différentes copies d'une donnée, afin de garantir la persistance de celle-ci en présence de fautes. Nous reviendrons sur ces aspects dans le chapitre 4.

3.5 Discussion

Les quelques éléments présentés dans ce chapitre ont pu donner un aperçu de notre démarche : nous avons visé à concevoir un service qui offre la transparence d'accès à des données partagées réparties, tout comme les systèmes à MVP, tout en nous appuyant sur des techniques P2P pour « cacher » la gestion interne de la volatilité et des défaillances éventuelles. L'architecture proposée illustre le couplage entre ces systèmes : des mécanismes de haut niveau de type MVP reposent sur des mécanismes P2P de plus bas niveau. Pour arriver à une solution satisfaisante, nous avons dû identifier les briques logicielles des architectures MVP qui avaient besoin d'être adaptées aux nouvelles hypothèses imposées par les caractéristiques physiques des grilles, notamment en ce qui concerne l'échelle et la volatilité. La gestion de l'identification des machines et des données est une telle brique : alors que les systèmes à MVP travaillent classiquement avec des configurations statiques, nous nous sommes appuyés sur une gestion dynamique des identifiants, que nous avons empruntée aux réseau P2P. Ainsi, et contrairement à la plupart des systèmes à MVP, de nouveaux processus peuvent rejoindre ou quitter notre service sans engendrer de perturbation importante du service. De même, pour gérer la localisation des données, nous avons remplacé les mécanismes classiques basés sur des gestionnaires de données bien identifiés par des des protocoles de découverte P2P, bien plus adaptés à une configuration dynamique. Enfin, les communications engendrées par les protocoles de cohérence ont été projetées sur des communications P2P tolérantes à la volatilité.

Une question s'est évidemment posée quant à la faisabilité pratique et surtout quant aux performances qui pourraient être obtenues. Ayant fait le choix de construire notre service à partir de mécanismes de bas niveau issus des systèmes P2P, on pouvait pouvait craindre que la tolérance à la volatilité ainsi obtenue ne soit payée par des performances très faibles. Les évaluations dont nous avons donné un aperçu permettent de constater que nous avons gagné ce pari ! Mais pour rendre possible cette construction tout en gardant des performances satisfaisantes, nous avons dû adapter les protocoles P2P sous-jacents. En effet, dans leur version initiale, ces protocoles destinés à une utilisation sur Internet et non sur une grille à hautes performances ne montraient pas une efficacité adéquate. Il a fallu effectuer quelques « travaux préliminaires », pour l'adaptation de JXTA à une exécution sur grilles. Deux aspects ont été cruciaux : améliorer nettement l'efficacité des transferts de données via les protocoles de communication P2P et mettre en place le support pour un déploiement performant. Nous y reviendrons dans le chapitre 5.

Chapitre 4

Cohérence des données et tolérance aux fautes dans un service de partage de données

Le chapitre précédent a pu donner un aperçu de notre approche pour la conception d'un service de partage de données par le couplage de mécanismes issus des systèmes à MVP avec des protocoles P2P : prendre en compte le caractère dynamique de l'infrastructure sous-jacente et le rendre transparent. Maintenant, nous montons d'un niveau et nous nous intéressons au problème situé au centre de notre démarche : comment concilier la cohérence de données et la tolérance aux fautes dans le contexte du partage de données réparties sur des grilles ? De nouveau, dans un premier temps nous nous sommes penché sur des solutions partielles existantes, puisque ces problèmes ont déjà fait séparemment l'objet de nombreuses études. Puis, dans un deuxième temps, nous avons étudié des manières d'adapter, d'étendre et de coupler ces résultats précédents. Mais faisons-en d'abord un rapide tour d'horizon.

4.1 Gestion de la cohérence des données réparties : tour d'horizon

Le problème de la cohérence des données réparties a été posé dans plusieurs contextes. Nous nous sommes intéressé à la manière dont il a été abordé par trois types de systèmes : les systèmes à MVP, les systèmes P2P et les bases de données réparties.

4.1.1 L'héritage des systèmes à mémoire virtuellement partagée

La gestion de la cohérence a été le problème central abordé par les recherches sur les systèmes à MVP que nous avons introduits dans la section 2.4. Ces modèles proposent un contrat avec le programmeur, dans lequel il est spécifié comment les mises à jour d'une donnée par un processus seront visibles par les autres processus. Nous distinguons deux grandes familles de modèles : les modèles de cohérence *forte* et les modèles de cohérence *relâchée* (ou *faible*).

Modèles de cohérence forte. Ces modèles, plus simples pour le programmeur, fournissent une abstraction proche d'une mémoire unique accessible de manière concurrente par des processus concurrents. Cette simplicité se paie néanmoins par la complexité et le manque de performance des protocoles de cohérence sous-jacents qui implémentent ces modèles.

Cohérence stricte (*atomic consistency*). La cohérence stricte correspond à l'intuition naturelle de la notion de cohérence. Dans ce modèle, toute lecture retournera la dernière valeur qui a été écrite. C'est le modèle de cohérence qui est généralement mis en œuvre au niveau des unités de gestion mémoire dans les systèmes monoprocesseurs. La mise en œuvre d'un tel modèle au sein d'une MVP s'avère cependant très coûteuse, car elle nécessite des synchronisations globales lors de chaque accès à la mémoire partagée.

Cohérence séquentielle (*sequential consistency*). La cohérence séquentielle a été formalisée par Leslie Lamport en 1979 [88]. Ce modèle est moins restrictif, il garantit que chaque processus "voit" toutes les opérations dans le même ordre, mais il ne garantit pas qu'une lecture retournera la dernière valeur affectée par une écriture. Dans ce modèle, le résultat de toutes les exécutions est le même que si les opérations de tous les processus avaient été exécutées dans un certain ordre séquentiel (total) dans lequel on retrouve l'ordre partiel des accès défini par le programme de chaque processus. Ce modèle a été utilisé par les premiers systèmes à mémoire virtuellement partagée.

Cohérence causale (*causal consistency*). Le modèle de cohérence causale [77] relâche les contraintes par rapport au modèle de cohérence séquentiel, à partir de l'observation qu'un ordre total unique « vu » par tous les processus n'est pas toujours nécessaire. Ce modèle se base sur la relation de causalité (*happened before*) décrite dans [87] pour déterminer l'ordre des écritures. La relation *happened before* permet de lier entre eux certains événements par un ordre partiel bien défini et de relâcher les contraintes sur les ensembles d'événements indépendants. La majeure partie des applications tolèrent en effet que deux écritures indépendantes ne soient pas vues dans le même ordre par tous les processus.

Modèles de cohérence relâchée. À l'opposé des modèles de cohérence forte, les modèles de cohérence relâchée mettent en œuvre des optimisations permettant de gains notables en performance. En revanche, ils imposent au programmeur plus de complexité, en rendant obligatoire l'utilisation explicite des primitives de synchronisation. En effet, c'est uniquement grâce aux informations fournies lors de ces appels que la MVP peut mettre en œuvre des optimisations et réduire le nombre de message requis par la gestion de la cohérence. Voici une brève description des principaux modèles de cohérence faible.

Cohérence faible (*weak consistency*). Ce modèle propose deux types d'accès : les accès *ordinaires* (lectures/écritures) et les accès *de synchronisation* (accès aux objets de synchronisation). Les écritures effectuées par les processus ne sont pas propagées lors des accès ordinaires, mais lors des accès de synchronisation. Le modèle garantit que l'ensemble de la mémoire est cohérent à chaque point de synchronisation : 1) les toutes les modification locales sont propagées aux autres processus ; et 2) toutes les modifications des autres processus sont visibles localement.

Cohérence à la libération (*release consistency*). Ce modèle permet une implémentation plus efficace que le précédent en relâchant les garanties de cohérence : *l'ensemble de la mémoire* n'est pas nécessairement rendu cohérent à chaque accès de synchronisation. Il introduit deux types d'accès de synchronisation : *acquire* et *release*. Ces deux opérations permettent de délimiter une section critique au sein de laquelle la mémoire partagée sera accédée. Ainsi, lors d'un appel à *acquire* placé en entrée de section critique, le modèle garantit que toute les écritures des autres processus sont visibles localement ; et lors d'un appel *release* en sortie de section critique, le modèle garantit que toutes les écritures locales deviennent visibles aux autres processus.

Cohérence à la libération paresseuse (*lazy release consistency*). Ce modèle relâche encore plus les garanties et permet de réduire encore plus le nombre de communications nécessitées par la gestion de la cohérence. Le modèle de cohérence à la libération propage toutes les écritures locales lors des accès synchronisés de type *release*. Or certaines de ces propagations sont inutiles car les processus concernés n'effectuerons pas nécessairement des accès aux données mises à jour. On peut donc limiter cette propagation aux processus qui déclarent leur intention d'accéder aux données par un accès synchronisé de type *acquire*. Ce modèle de cohérence a été implémenté dans le système à MVP TreadMarks [7]. Une implémentation possible consiste à maintenir une copie de référence pour chaque de donnée. Cette copie est alors stockée sur un nœud particulier (approche *home-based* [135]).

Cohérence à l'entrée (*entry consistency*). Un pas supplémentaire vers le relâchement de la cohérence a été fait par le système à MVP Midway [42] qui introduit le modèle de cohérence à l'entrée. Ce modèle associe à chaque variable partagée un verrou spécifique. Ceci permet de ne transférer lors de l'acquisition de ce verrou que les mises à jour des données associées à ce verrou, qui seront effectivement accédées, et non plus de toute la mémoire. De plus, il est alors possible d'avoir des écritures concurrentes sur des variables différentes. Le modèle de cohérence à l'entrée introduit également une nouvelle opération de synchronisation : *acquire_read*. Le modèle différencie ainsi les accès en mode exclusif (*acquire*) des accès en mode non-exclusif (*acquire_read*). Cette distinction permet d'autoriser des lectures concurrentes d'une même variable. Cependant, les lectures concurrentes à des écritures ne sont pas possibles.

Cohérence de portée (*scope consistency*). Le modèle de cohérence de portée [78] est proche du modèle de cohérence à l'entrée, mais sans imposer au au programmeur d'associer explicitement un verrou à chaque donnée : il utilise les opérations de synchronisation déjà présentes dans le programme. Dans ce cas, l'association entre verrous et données est réalisée implicitement par analyse du programme.

4.1.2 Cohérence des données dans les systèmes pair-à-pair

Nous l'avons déjà souligné dans le chapitre 2, la grande majorité des systèmes pair-à-pair a été conçue pour partager des fichiers en lecture seule [157, 105, 145]. Dans ce cas-là, les problèmes de cohérence des données sont inexistants : les données peuvent être répliquées à volonté, puisqu'aucune mise à jour ne rendra les copies incohérentes entre elles. Toutefois, certains systèmes pair-à-pair comme OceanStore [84], Ivy [99] et Pastis [46] s'intéressent au partage de données modifiables.

OceanStore [84] utilise un ensemble de pairs particuliers (*primary tier*) qui sont responsables de la gestion des modifications apportées aux données. C'est le *primary tier* qui reçoit les requêtes de modification. Il gère la résolution des écritures conflictuelles éventuelles en décidant de l'ordre d'application des modifications. Cette décision est ensuite transmise à l'ensemble des pairs possédant une copie. Les pairs composant le *primary tier* sont supposés stables et interconnectés par un réseau fiable et performant.

Ivy [99] est un système de fichiers P2P qui exploite la notion de journal (*logs*) pour permettre à plusieurs nœuds d'effectuer des écritures concurrentes. Chaque utilisateur possède un journal dans lequel il enregistre les modifications apportées à chaque donnée partagée. Ivy utilise une table de hachage distribuée pour stocker les journaux des différents utilisateurs. La lecture d'un fichier nécessite donc le parcours de multiples journaux, mais la création incrémentale de « snapshots » permet d'optimiser ce point. En cas d'écritures conflictuelles, Ivy propose des outils permettant une résolution manuelle. Le modèle de cohérence implémenté par ce système est de type relâché.

Pastis [46] est conçu comme un véritable système de gestion de fichiers. Il s'appuie sur la notion de descripteur de fichiers (en anglais *i-node*). Ces descripteurs sont stockés dans une table de hachage distribuée (PAST) sous forme de blocs modifiables ; ces blocs sont appelés UCB pour l'anglais *User Certificate Block*. Ils contiennent en effet des données permettant de vérifier l'intégrité du bloc ainsi que son propriétaire. Les descripteurs de fichiers contiennent des pointeurs sur des blocs de contenu : les CHB pour l'anglais *Content Hash Block*. Les CHB sont des blocs non modifiables. Les modifications de fichiers entraînent donc des suppressions/ajouts de CHB et des modifications d'UCB. Le système Pastis met en œuvre des mécanismes complexes de signature afin d'assurer l'intégrité et l'authenticité des fichiers. Il propose deux modèles de cohérence relâchée : 1) le modèle *close-to-open*, dans lequel que les écritures ne sont propagées qu'après la fermeture du fichier et les écritures distantes ne sont visibles qu'à l'ouverture du fichier ; et 2) le modèle plus relâché *read-your-writes* qui garantit que chaque lecture reflète toutes les écritures locales précédentes.

Bien que ces systèmes pair-à-pair permettent le partage de fichiers modifiables à grande échelle, ils ont été conçus comme des systèmes de gestion de fichiers et proposent des modèles de cohérence très relâchés qui ne conviennent pas toujours aux contraintes de cohérence des applications de calcul scientifique que nous visons.

4.1.3 La notion de cohérence dans les bases de données

La gestion de la cohérence des données dans les bases de données s'éloigne quelque peu des approches décrites jusqu'ici. Cette différence est principalement due au fait que les *systèmes de gestion de bases de données* (SGBD) prennent en compte le type des données ainsi que des dépendances inter-données. On rencontre cependant les mêmes problématiques : présence de multiples copies pour améliorer la localité des accès, propagation des mises à jour, accès concurrents, etc.

Plusieurs types de cohérence. Prenons le cas d'un SGBD relationnel : les données sont réparties dans des *tables* et chaque ligne d'une table forme un ensemble d'*attributs* appelé *tuple*. Un *schéma relationnel* décrit les tables ainsi que les relations entre les données. Il existe deux types de dépendances : des dépendances intratuple (entre les attributs d'un même tuple), appelées *dépendances fonctionnelles* (*df*) et des dépendances entre les attributs de tables différentes appelées *dépendances d'inclusion* (*di*) :

Définition 4.1 (Dépendance fonctionnelle)— Il y a une dépendance fonctionnelle lorsque la valeur d'un attribut (ou d'un groupe d'attributs) détermine de façon unique celle d'autres attributs.

Définition 4.2 (Dépendance d'inclusion)— Il y a une dépendance d'inclusion lorsque les valeurs d'un attribut d'une table doivent appartenir à l'ensemble des valeurs d'un attribut d'une autre table.

La gestion de la cohérence au sein des SGBD intervient alors à deux niveaux :

Cohérence interdonnées. Le premier niveau, spécifique aux bases de données, est une conséquence de la nécessité de respecter les dépendances d'inclusion : la mise à jour d'un attribut dans un tuple d'une table peut entraîner des mises à jour d'autres tables. Une mise à jour atomique de toutes ces données peut donc s'avérer nécessaire. On parle alors de *transaction*.

Cohérence de données répliquées. De la même manière que pour les systèmes à mémoire virtuellement partagée ou les systèmes pair-à-pair, les systèmes de bases de données utilisent la réplication afin d'améliorer les performances des accès aux données. Elle favorise en effet la localité des accès d'une part, et la répartition de la charge d'autre part. Des mécanismes pour propager les mises à jour entre les multiples copies sont alors nécessaires.

Transactions et cohérence. La cohérence interdonnées est assurée par la notion de *transaction*. Une transaction est une suite d'opérations d'écritures ou de lectures sur des données qui se termine en étant soit *validée*, soit *abandonnée* [106]. Les transactions doivent respecter les propriétés suivantes : 1) *atomicité*, 2) *cohérence*, 3) *isolation*, et 4) *durabilité* (ACID). Les SGBD peuvent chosir de relâcher la propriété d'isolation afin d'améliorer le parallélisme et donc les performances des accès. Dans ces cas-là, certains accès peuvent être effectués sur des données dont la valeur est obsolète, ou non encore validée. Ces données peuvent d'ailleurs ne jamais être validées et on parle alors de *divergence de transaction*. Si l'on autorise ce comportement en écriture, les dépendances interdonnées peuvent se retrouver non-satisfaites : la base de donnée serait alors dans un état *corrompu*. En revanche, certaines transactions de lecture peuvent se satisfaire de données "légèrement" obsolètes. Dans ce cas, il est possible d'améliorer fortement les performances [106] en relâchant les contraintes sur la fraîcheur des données lues.

Divergence et réconciliation. Lors de l'utilisation des bases de données, les requêtes d'accès aux données peuvent être coûteuses : elles nécessitent souvent le parcours de tables entières. La réplication des données permet dans ce cas non seulement d'améliorer la localité des accès, mais également de répartir la charge engendrée par les requêtes entre plusieurs nœuds. Les mécanismes de réplication responsables de la propagation des mises à jour entre les différentes copies se déclinent en plusieurs catégories. On distingue la réplication *synchrone* et la réplication *asynchrone*. Cette dernière catégorie se décline en deux sous-catégories, la réplication *asynchrone optimiste* et la réplication *asynchrone pessimiste*. Ces différentes catégories de réplication sont décrites ci-dessous.

Réplication *synchrone*. Ce type de réplication correspond à une mise à jour atomique de l'ensemble des copies d'une même donnée lors de chaque modification. Les transactions ne sont donc validées que lorsque que toutes les copies sont cohérentes.

Réplication *asynchrone optimiste*. Ces mécanismes diffèrent la propagation des mises à jour (réplication *passive*). Des modifications concurrentes peuvent alors avoir lieu sur des copies différentes. Dans ces cas-là, il est nécessaire de *réconcilier* les copies, généralement en réordonnançant et réexécutant les transactions ou en abandonnant l'une (ou certaines) d'entre elles. Les réconciliations étant très coûteuses, ce type de réplication est généralement utilisé lorsqu'il est possible de faire l'hypothèse que les conflits sont rares.

Réplication *asynchrone pessimiste*. La réplication asynchrone pessimiste garantit la cohérence des copies en ordonnançant les transactions *a priori* afin d'éviter les conflits. Ce type de réplication peut mener à des copies temporairement divergentes, le temps de la propagation des mises à jour, mais elle ne nécessite pas la mise en place de mécanismes de réconciliation : les différentes copies évoluent de la même manière et donc convergent ultimement.

4.1.4 Discussion

Comme nous venons de le voir, la gestion de la cohérence de données a fait l'objet de recherches dans plusieurs domaines : les solutions sont souvent similaires, mais certains aspects sont traités de manière spécifique. Le tableau ci-dessous résume les caractéristiques de ces différentes solutions.

	Systèmes à MVP	Systèmes P2P	Bases de données répliquées
Passage à l'échelle	Non	Très bon	Bon
Tolérance aux fautes	Non	Très bonne	Bonne
Modèles et protocoles de cohérence	Nombreux	Rudimentaires (lecture seule en général)	Spécifiques aux bases de données

Les systèmes à mémoire virtuellement partagée, conçus pour des applications scientifiques à hautes performances offrent un riche éventail de modèles et protocoles de cohérence. Mais, comme expliqué dans la section 2.4, ces modèles et protocoles présentent des limites lorsqu'il s'agit de passer à l'échelle : ils ont été validés généralement sur quelques dizaines de nœuds, rarement sur plus d'une centaine. De plus, il ne tolèrent généralement pas les fautes, considérées comme exceptionnelles. Les systèmes pair-à-pair, qui fournissent un bon support de la volatilité et s'adaptent bien aux architectures à grande échelle, offrent en revanche des mécanismes assez rudimentaires pour la gestion de la cohérence des données modifiables. Enfin, dans le cadre des recherches sur les bases de données réparties, on propose des mécanismes variés de réplication ainsi que des solutions élégantes permettant de réconcilier des données divergentes. Cependant, ces solutions restent très spécifiques aux SGBD et ne s'adaptent pas directement aux applications de simulation numérique que nous avons visés par les travaux présentés ici[1].

---

[1]Dans une deuxième étape, nous avons commencé à nous intéresser aussi aux applications collaboratives utilisant des bases

Nous visons à fournir un accès transparent à des données réparties sur une grille. Le passage à l'échelle ainsi que la tolérance à la volatilité et aux fautes font donc partie des propriétés requises pour notre gestion de la cohérence des données. Pour atteindre cet objectif, notre approche a consisté à choisir un protocole classique du domaine des systèmes à MVP et à étudier comment : 1) l'adapter à l'échelle d'une grille et 2) le rendre tolérant à la volatilité et aux défaillances et aux fautes. Pour aborder le premier point, nous avons suivi une approche hiérarchique. Pour le deuxième point, nous nous sommes appuyés sur des techniques de réplication inspirées par celles proposées dans le domaine des systèmes tolérants aux fautes. Nous illustrons cette démarche dans la section suivante à travers une étude de cas.

Pour commencer, nous avons porté notre choix sur le *modèle de cohérence à l'entrée*, qui nous a semblé adapté aux grilles. En effet, il s'agit d'un modèle relâché qui permet de réduire de manière significative les communications engendrées par le protocole de cohérence sous-jacent, comme expliqué plus haut. Cet aspect est primordial : faire le choix d'un modèle de cohérence forte tout en cherchant a être efficace à l'échelle d'une grille aurait été inapproprié. De plus, ce modèle permet une implémentation par des protocoles *home-based* qui facilite la définition de l'interaction avec les protocoles de réplication.

4.2 Comment construire des protocoles de cohérence extensibles et tolérants aux fautes ?

4.2.1 Point de départ : un protocole de cohérence "plat", non tolérant aux fautes

Particularités du modèle de cohérence à l'entrée. Rappelons ici les deux contraintes que doivent respecter les applications qui choisissent ce modèle. Premièrement, chaque donnée partagée doit être associée à un objet de synchronisation spécifique. Deuxièmement, les accès *non-exclusifs* ou en *lecture seule* (c'est-à-dire *sans* mise à jour de la valeur de la donnée) doivent être distingués des *accès exclusifs* (c'est-à-dire *avec* mise à jour de la valeur de la donnée). Pour signifier cette distinction, on doit utiliser des primitives de synchronisation différentes : *acquire_read* pour entrer dans une section de code où l'on n'effectue que des accès en lecture, et *acquire* pour entrer dans une section critique comprenant des accès en écriture. Ceci permet au protocole de cohérence d'autoriser des accès concurrents en lecture : plusieurs processus peuvent accéder en lecture, de manière concurrente, à une même donnée mais tout accès en écriture se fait sans concurrence.

Un protocole basé sur une copie de référence. Comme point de départ pour illustrer nos propos, nous considérons un *protocole* implémentant le *modèle* de cohérence à l'entrée en utilisant une approche basée sur la mise en place d'une copie de référence associée à chaque donnée partagée (approche *home-based*). Le nœud qui héberge cette copie de référence (*home node*) est également responsable de la gestion d'un verrou associé à la donnée. Lorsqu'un processus client déclare son intention d'accéder à la donnée en appelant les primitives : *acquire* ou *acquire_read*, une copie *locale*, située sur le même nœud que ce processus, est créée si elle n'existe pas ; si elle existe, elle est mise à jour le cas échéant, afin que le client puisse accéder à la dernière version de la donnée. De même, lorsque le processus quitte la section au sein de laquelle il accédait à la donnée, il relâche le verrou associé en appelant la primitive *release*. Si la donnée a été modifiée localement par le client durant la section critique, les mises à jour locales sont alors propagées vers la copie de référence.

Fonctionnement du protocole de cohérence. La figure 4.1 illustre le fonctionnement du protocole de cohérence lorsqu'un seul client accède à la donnée, sans concurrence. Aucune attente n'est alors nécessaire sur le nœud qui héberge la copie de référence. En cas d'accès concurrents, le protocole met en attente certains processus afin de garantir la cohérence des accès. L'automate à états représenté par la

---

de données réparties. Il s'agit d'un travail en cours de démarrage, non développé ici.

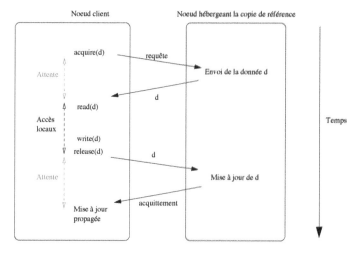

FIG. 4.1 – Communications entre un nœud client et un nœud hébergeant une copie de référence pour une donnée d.

figure 4.2 décrit le fonctionnement du protocole de cohérence au niveau du nœud client. Les états grisés sont bloquants pour l'application. Cela permet par exemple de garantir que le processus possède bien l'objet de synchronisation associé et que la copie locale de la donnée soit bien mise à jour avant de laisser l'application accéder à la donnée. Le lecteur intéressé pourra trouver une description plus détaillée de ce protocole dans [96].

Le protocole décrit ici n'est visiblement pas adapté à une architecture de type grille : 1) il est centralisé autour du nœud hébergeant la copie de référence ; 2) il ne prend pas en compte les défaillances éventuelles. Les sections suivantes détaillent ces limites et proposent des solutions pour y faire face.

4.2.2 Étape 1 : comment passer à l'échelle ?

Limites d'un protocole « plat ». La description que nous venons de faire permet de faire l'observation suivante : chaque accès à une donnée partagée déclenche de nombreuses communications entre les nœuds qui hébergent les clients et le nœud qui héberge la copie de référence associée à cette donnée. Lorsque plusieurs clients accèdent à une même donnée partagée, ils peuvent être situés dans des grappes différentes. Or, comme nous l'avons déjà expliqué, les liens intergrappes présentent des latences réseau bien plus élevées que les liens intragrappes (le ratio étant de 1000 à 10000 !). Il en résulte que les clients situés dans la grappe qui héberge la copie de référence bénéficieront d'un accès bien plus performant que ceux situés dans d'autres grappes. Cet aspect n'est pas du tout pris en compte par le protocole décrit ci-dessus, qui n'exploite pas la hiérarchie des latences des grilles et utilise indifféremment des liens intergrappes et des liens intragrappes. Cette situation est illustrée sur la figure 4.3 : les accès du client B seront nettement moins performants que ceux du client A. De plus, comme le montre l'automate 4.2, certains états du protocole de cohérence sont bloquants. Cela implique que la dégradation de performance due aux accès « lents » concernera l'application distribuée toute entière, y compris les processus s'exécutant sur des nœuds situés dans la même grappe que la copie de référence, qui risquent ainsi de se trouver bloqués !

49

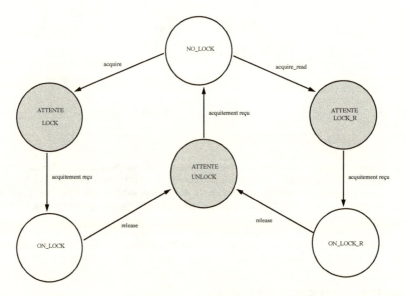

FIG. 4.2 – Automate à états représentant le protocole de cohérence au niveau du nœud client. Les états non grisés ne bloquent pas l'application alors que les états grisés correspondent à des primitives synchrones.

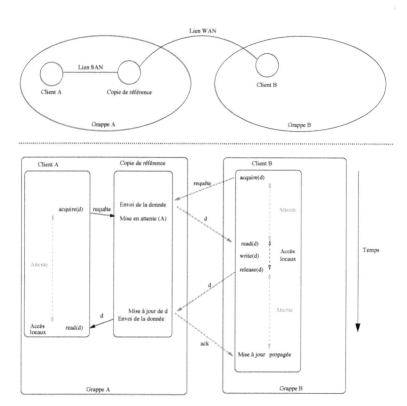

FIG. 4.3 – Fonctionnement du protocole de cohérence à l'entrée pour une donnée accédée dans des grappes différentes.

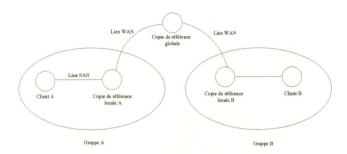

FIG. 4.4 – Version hiérarchique du protocole de cohérence.

Solution : un protocole hiérarchique. Pour améliorer l'efficacité du protocole de cohérence dans un tel contexte, une approche possible consiste à *minimiser les communications entre les grappes*. Cette idée a été utilisée dans certains systèmes à mémoire virtuellement partagée pour des grappes de grappes : elle a conduit à la conception de *protocoles de cohérence hiérarchiques*. Dans le système *Clustered Lazy Release Consistency* (CLRC [29]), des caches locaux sont créés dans chaque grappe afin d'optimiser la localité des accès consécutifs à la donnée. Dans des travaux antérieurs à nos recherches sur le concept de service de partage de données pour grille, nous avions proposé d'appliquer l'approche hiérarchique à la gestion distribuée d'objets de synchronisation [15], en réordonnançant les requêtes de verrouillage. Le principe était le suivant : les requêtes provenant de la grappe où le verrou est déjà acquis sont servies avant les requêtes distantes afin de réduire le nombre total d'allers-retours entre les grappes.

C'est à partir de ces deux idées que nous avons élaboré notre première étape dans le processus de définition d'un protocole de cohérence adapté aux grilles. Nous avons commencé par construire une version hiérarchique du protocole de cohérence décrit ci-dessus. Cette version est illustrée sur la figure 4.4. L'idée est de remplacer la copie de référence par un groupe hiérarchique de copies de référence. Au sein de chaque grappe dans laquelle la donnée est accédée, une *copie de référence locale* sert les accès en provenance des nœuds de la même grappe. Chaque copie de référence locale est à son tour cliente d'une *copie de référence globale*. Lorsqu'un client accède à la donnée, il doit d'abord acquérir le verrou correspondant auprès du nœud hébergeant la copie de référence locale. Si ce nœud possède le verrou, il peut autoriser l'accès à la donnée. Sinon, une requête d'acquisition est envoyée au nœud hébergeant la copie de référence globale. La copie de référence globale ne sert donc que les accès des copies de référence locales qui distribuent ensuite les accès au sein de leurs grappes. En suivant l'approche proposée dans [15], la stratégie suivante est mise en place pour minimiser les communications entre les grappes, à plus forte latence : en cas de réception de plusieurs demandes concurrentes de verrouillage d'une donnée, les copies de références locales servent en priorité les requêtes en provenance de leur grappe. Les requêtes distantes retransmises par les autres copies de référence locales, reçues via la copie de référence globale ont une priorité plus faible. Cela permet de réduire le nombre de messages intergrappes. En revanche, cette règle peut a priori aboutir à une situation de famine ; aussi une limite est-elle imposée sur le nombre maximal de requêtes locales satisfaites de manière consécutives par chaque nœud hébergeant une copie de référence locale. Cela permet d'assurer que les requêtes distantes seront ultimement satisfaites.

Notons qu'à chaque niveau de la hiérarchie du protocole de cohérence (local et global) c'est le même algorithme qui est employé. Les copies de référence locales jouent le rôle de copie de référence vis-à-vis des clients locaux, et le rôle de client vis-à-vis de la copie de référence globale. La copie de référence globale de la version hiérarchique joue vis-à-vis des copies de référence locales le même rôle

52

que la copie de référence du protocole en version non hiérarchique jouait vis-à-vis des clients. De même, au niveau du client, l'automate est identique à celui de la version non hiérarchique (voir figure 4.2) : la hiérarchisation du protocole est complètement transparente : tout se passe comme si la copie de référence locale à laquelle il accède était la seule copie de référence du système.

Cette version du protocole de cohérence est donc mieux adaptée aux grilles de calcul : elle permet de limiter l'utilisation des liens réseau à forte latence entre les grappes et ainsi d'améliorer les performances globales des accès à la donnée partagée. Nous pouvons maintenant nous attaquer à a deuxième faiblesse du protocole de départ : son manque de tolérance aux éventuelles défaillances de l'infrastructure d'exécution. La section suivante aborde ce problème.

4.2.3 Étape 2 : vers un protocole tolérant aux fautes

Reprenons le protocole non hiérarchique qui nous a servi de point de départ. Le nœud qui héberge la copie de référence peut être considéré comme une entité *critique* : sa défaillance entraînerait l'indisponibilité de cette seule et unique copie de référence. De même, dans sa version hiérarchique, le protocole ne pourrait pas fonctionner correctement en cas de défaillance des nœuds qui hébergent les copies de référence (globale ou locales). Les approches suivies par les systèmes à MVP font en général l'hypothèse d'une infrastructure d'exécution stable et ne prennent pas en compte l'éventuelle occurrence de telles défaillances. Or, nous avons vu que ces événements sont fréquents dans les environnements de type grille. Par conséquent, leur occurrence doit être désormais considérée comme une hypothèse du fonctionnement normal des grilles. L'objectif est alors de maintenir la disponibilité des données en dépit des fautes et déconnexions éventuelles. Á cet effet, nous avons cherché à utiliser des techniques de réplication étudiées dans le domaine des systèmes tolérants aux fautes. Mais avant de décrire notre approche, arrêtons-nous un instant et essayons de préciser les types de fautes qui peuvent intervenir dans notre contexte.

Quel modèle de fautes pour les grilles ? Plusieurs types de défaillances ont été définies par la communauté des chercheurs sur les systèmes tolérants aux fautes[89].

La défaillance franche ou le crash (*fail-stop*) d'un composant est un type de défaillance où le composant se comporte conformément à sa spécification jusqu'à l'occurrence de la défaillance. Après cet événement, le composant cesse définitivement toute activité.

La défaillance par omission (*omission failure*) correspond au cas où le composant cesse momentanément son activité puis reprend son activité normale.

La défaillance byzantine (*byzantine failure*) d'un composant correspond au cas où celui-ci agit de manière complètement imprévisible pour l'observateur extérieur.

Notons que ces types de défaillance sont imbriquées : si un système tolère les les défaillances byzantines, alors il pourra tolérer d'autant plus facilement les défaillances par omission. De même, lorsque le système tolère les défaillances par omission, il tolère aussi des crashs. Pour plus de détails, se référer à [89].

Pour ce qui nous concerne, nous nous intéressons aux deux types de faute qui peuvent se produire dans les environnements de type grille : 1) les *défaillances franches* (ou *crashs*) ; et 2) les pertes de messages dues à l'utilisation de canaux de communication non fiables. Ces types de faute sont représentatifs dans le cas des grilles de calcul. En effet, dans ce contexte, les composants pouvant être sujets à des défaillances sont les nœuds et les liens réseaux. Le grand nombre de nœuds présents dans une grille de calcul implique une éventualité significative de défaillances franches de ces nœuds. Des défaillances simultanées sont également envisageables, par exemple en cas de panne d'alimentation. La présence de certains équipements du réseau tels des routeurs, notamment entre les différentes institutions composant une grille de calcul, rend possibles certaines défaillances par omission. Lorsque le réseau est congestionné, les routeurs ignorent en effet volontairement des messages pour limiter la congestion. Des pertes de messages peuvent également avoir lieu lorsqu'un nœud reçoit des paquets réseaux plus vite qu'il ne peut les traiter (rappelons que les ressources d'une grille de calcul sont hétérogènes). Nous limitons donc les défaillances par omission dans les grilles aux pertes de messages. Nous considérons que les canaux de communication sont *équitables*. Informellement, des messages peuvent être perdus mais, en les réémettant suffisamment, ils finissent par arriver. (Pour une définition plus formelle, se référer à [96]. Il est donc possible de transformer des canaux équitables en canaux *fiables* en mettant en œuvre des mécanismes de réémission.

Modèle de temps. Nous considérons que des bornes sur les temps de communications et les temps de calculs existent, mais ne sont pas connues. Nos algorithmes font l'hypothèse d'un environnement asynchrone et utilisent des informations provenant d'un service de détection de fautes : un tel service fournit sur chaque nœud une liste de nœuds suspectés d'être fautifs. Cette hypothèse d'asynchronisme est classique dans les systèmes distribués tolérants aux fautes. Elle est également réaliste dans le cas des grilles de calcul.

Utilisation de techniques de réplication. Une manière d'assurer la disponibilité d'une donnée en présence des défaillances consiste à répliquer la copie de référence associée. Le nombre de fautes (de type *panne franche*) tolérées dépend de : 1) la technique de réplication employée ; et 2) du degré de réplication (le nombre de copies). Nous choisissons donc de remplacer la copie de référence unique par un *groupe de copies de références*, stockées sur des nœuds différents : chacun de ces nœuds va également stocker l'automate à états du protocole de cohérence. Pour mettre en œuvre la réplication de la copie de référence décrite ci-dessus, nous utilisons plusieurs concepts étudiés dans le cadre des systèmes distribués tolérants aux fautes.

Protocole de composition de groupe. Un protocole de *composition de groupe* (*group membership* en anglais) [55] permet de gérer un ensemble (un groupe) de nœuds ayant un intérêt commun. Chaque nœud appartenant au groupe maintient à jour la liste de membres de ce groupe. La composition de ces listes évolue quand de nouveaux nœuds rejoignent ou quittent le groupe, lors d'une panne franche par exemple. Les protocoles de composition de groupe ont pour objectif de maintenir la cohérence de ces différentes listes en les synchronisant. Entre deux synchronisations, les mêmes ensembles de messages doivent être pris en compte par chacun des membres du groupe. Dans notre cas, nous utilisons ce type de protocole pour gérer les groupes de nœuds hébergeant les copies de référence des données.

Diffusion atomique. Afin de rendre notre protocole de cohérence tolérant aux fautes, la copie de référence associée à une donnée est représentée par un groupe de nœuds. Étant donné que certains nœuds peuvent être fautifs, nous utilisons un mécanisme de réplication pessimiste afin d'assurer qu'une copie à jour reste disponible dans le système. Chaque mise à jour entraîne donc une mise à jour de *tous* les membres du groupe. Afin que les automates répliqués et la valeur de la donnée évoluent de la même manière, les algorithmes utilisés doivent assurer la *diffusion atomique* des messages au sein du groupe : toutes les copies doivent recevoir toutes les mises à jour dans le même ordre, malgré les défaillances éventuelles. Plus encore : cette propriété doit être respectée pour tous les messages reçus par le groupe. Ainsi, dans l'implémentation du protocole de cohérence décrit précédemment, tout message envoyé par le client au nœud qui stocke la copie de référence doit être transformé en message de diffusion atomique. Les membres du groupe s'accordent sur l'ordre de distribution des messages en utilisant un protocole "classique" de consensus, comme celui décrit dans [53].

Protocole de consensus. Un protocole de consensus permet à un groupe de nœuds potentiellement fautifs de s'accorder sur une valeur commune : chaque nœud propose une valeur et le protocole de consensus assure que : 1) ultimement, tous les nœuds non fautifs déciderons d'une valeur ; 2)

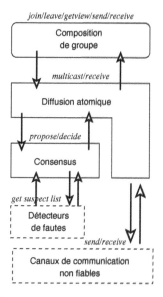

join/leave/getview/send/receive

Composition
de groupe

multicast/receive

Diffusion atomique

propose/decide

Consensus

get suspect list

Détecteurs
de fautes

send/receive

Canaux de communication
non fiables

FIG. 4.5 – Architecture en couches pour l'implémentation du protocole de composition et de communication de groupe.

la valeur décidée est l'une des valeurs proposée ; et 3) la valeur décidée est la même pour tous les nœuds non fautifs. Dans notre cas, la décision porte sur l'ordre dans lequel les messages doivent être pris en compte. Le problème du consensus dans les systèmes asynchrones peut être résolu en utilisant des détecteurs de fautes non fiables [53].

Notre démarche a pour objectif de réaliser une version tolérante aux fautes du protocole de cohérence présenté au début de cette section. Nous nous appuyons donc sur une combinaison de « blocs de gestion de la tolérance aux fautes » qui implémentent les concepts décrits ci-dessus. Nous utilisions une structure en couches, illustrée par la figure 4.5, inspirée par [92]. Cette architecture est générique et peut en principe reposer sur différents algorithmes pour chacune des briques, avec différentes propriétés. En pratique, dans notre mise en œuvre, nous pouvons tolérer $\lfloor \frac{n-1}{2} \rfloor$ fautes simultanées, où n est le nombre de nœuds sur lesquels la copie de référence est répliquée. Cette limite est due au protocole de consensus choisi [53] et pourra être différente en cas de changement de protocole à ce niveau.

Notons que le fait de remplacer la copie de référence par un groupe de copies n'affecte en rien l'algorithme utilisé par le protocole de cohérence. Celui-ci reste inchangé aussi bien pour les clients que pour la copie de référence. Les clients utilisent une couche de communication de groupe pour communiquer avec la copie de référence répliquée exactement de la même manière qu'ils le faisaient lorsque cette dernière n'était hébergée que par un seul nœud. Par ailleurs, rien ne change non plus au niveau des nœuds qui hébergent les copies de référence : chacun exécute le même code, comme s'il était le seul à héberger la copie de référence. Les automates du protocole de cohérence sont donc les mêmes que dans la version non tolérante aux fautes. Ceci est une bonne illustration de notre approche : nous obtenons un protocole de cohérence tolérant aux fautes en *adaptant* et en *couplant* un protocole de cohérence existant non tolérant aux fautes avec une technique de réplication classique. L'adaptation consiste ici à remplacer les

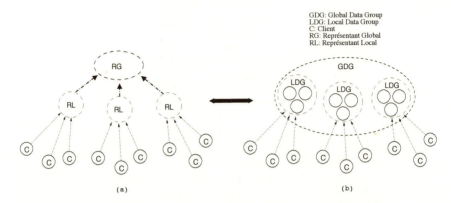

FIG. 4.6 – Réplication des entités critiques du protocole de cohérence hiérarchique.

communications point-à-point entre le client et la copie de référence par des communications de groupe tout en assurant la correction de la démarche par l'utilisation de protocoles de réplication classiques, reconnus et validés par des travaux antérieurs aux nôtres. Ensuite, comme expliqué ci-après, nous avons également adapté les protocoles de réplication afin de prendre en compte l'architecture hiérarchique de l'infrastructure physique d'exécution.

Vers un protocole hiérarchique tolérant aux fautes. Dans la section 4.2.3, nous avons montré qu'il était possible d'améliorer les accès aux données partagées en rendant hiérarchique le protocole de cohérence initial, afin de prendre en compte la topologie réseau des grilles de calcul. Ensuite, en partant du même protocole initial (non hiérarchique), nous avons expliqué comment il était possible de rendre ce protocole tolérant aux fautes en répliquant les copies de référence et en utilisant des concepts issus des systèmes distribués tolérants aux fautes. L'étape suivante est encore du domaine du couplage : il s'agit d'utiliser ensemble ces deux solutions qui répondent chacune à une partie du problème, afin d'obtenir un protocole de cohérence à la fois hiérarchique (donc plus adapté à l'échelle des grilles) et tolérant aux fautes. Une première idée pour combiner ces deux solutions consiste à utiliser les mécanismes de réplication décrits ci-dessus afin de rendre *tolérante aux fautes* la copie de référence globale du protocole de cohérence *hiérarchique*. Cependant, la faute d'un nœud hébergeant une copie de référence locale (susceptible de posséder l'objet de synchronisation et la dernière version de la donnée) doit également être tolérée. Il convient alors d'utiliser les mécanismes de réplication à la fois pour la gestion des copies de référence locales et pour la copie de référence globale. D'une part, chaque copie de référence locale créée sur une grappe où la donnée est susceptible d'être accédée sera répliquée sur un groupe de nœuds situés dans cette grappe (*groupe des données locales* ou LDG, pour *Local Data Group*). D'autre part, la copie de référence globale sera représentée par... un groupe de groupes ! Ce *groupe global* (ou GDG, pour *Global Data Group*) représente de manière abstraite la donnée : il possède un identifiant global, qui permet d'identifier la donnée dans le système. Il s'agit d'un groupe auto-organisant hiérarchique, dont les propriétés sont discutées dans la section suivante. Cette organisation est représentée sur la figure 4.6.

56

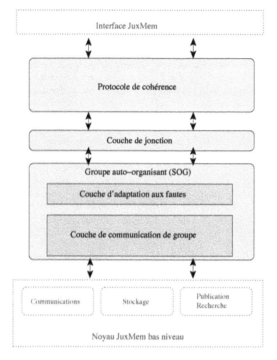

FIG. 4.7 – Une architecture en couches pour la gestion conjointe de la tolérance aux fautes et la cohérence des données.

4.3 Architecture en couches pour une gestion conjointe

4.3.1 Description générale

Pour rendre effectif ce couplage permettant une gestion conjointe de la cohérence et de la tolérance aux fautes, nous avons proposé l'architecture en couches représentée par la figure 4.7 et décrite ci-dessous.

Gestion des fautes : groupe auto-organisant. Cette couche fournit l'abstraction du groupe hiérarchique de copies d'une donnée répliquée que nous venons de décrire. Ces groupes pourront être considérés comme stables (sous certaines conditions de volatilité, qui dépendent des algorithmes choisis pour l'implémentation, comme expliqué dans la section 4.2.3). Nous les appellerons par la suite *groupes auto-organisants* ou SOG (pour l'anglais *Self-Organizing Group*). Cette couche est constituée de deux sous-couches : la couche de communication de groupe et la couche d'adaptation aux fautes. La première offre un mécanisme de réplication *fiable*. Elle implémente des algorithmes de gestion de groupe, de diffusion atomique et de consensus en s'appuyant sur les primitives de communication et de publication/recherche du noyau JUXMEM. La couche d'adaptation aux fautes est située juste au-dessus de la couche de communication de groupe. Elle utilise des détecteurs de fautes hiérarchiques [43] et réagit en cas de fautes, par exemple pour remplacer un membre défaillant d'un groupe afin de garder un degré de réplication fixe. Une description plus fine des détails de son fonctionnement peut être trouvée dans [96].

Les protocoles de cohérence. Cette couche implémente des protocoles de cohérence comme celui que nous avons introduit à titre d'exemple. Il s'agit de protocoles issus des systèmes à MVP rendus hiérarchiques d'une part et tolérants aux fautes d'autre part. Pour ce deuxième point, l'implémentation du protocole repose sur l'utilisation des groupes auto-organisants que nous venons d'introduire. L'idée est d'utiliser ces groupes pour représenter les entités critiques du protocole, telles que les copies de référence, les gestionnaires centralisés, etc. La gestion des groupes auto-organisants implique non seulement la réplication des données, mais aussi celle des données spécifiques au protocole de cohérence, telles que l'automate qui représente l'état du protocole , les objets de synchronisation, l'état des listes d'attente, etc., doivent être répliquées de manière fiable sur un ensemble de pairs dont certains peuvent être défaillants. À cet effet, cette couche utilise la couche de communication de groupe. Comme expliqué plus haut, les algorithmes choisis dans l'implémentation actuelle permet de supporter $\lfloor \frac{n-1}{2} \rfloor$ fautes simultanées au sein du groupe, où n est la cardinalité du groupe.

La couche de jonction. Cette couche fait le lien entre les deux couches précédentes et définit les interactions entre elles. C'est à ce niveau que l'on peut ajuster le degré de réplication, en associant par exemple à chaque entité critique du protocole de cohérence un groupe auto-organisant de cardinalité différente. En cas de faute, les mécanismes de réplication peuvent avoir à remplacer une copie suspectée afin de maintenir un degré de réplication donné. De même, l'accès à la donnée par un nouvel utilisateur peut également nécessiter la création d'une nouvelle copie, voire d'un nouveau groupe de copies par le protocole de cohérence, afin d'améliorer la localité des accès suivants. Dans tous les cas, les mécanismes de réplication doivent en être informés. En effet, c'est à leur niveau que sont gérées les différentes copies. En revanche, le protocole de cohérence, plus proche de l'application, possédant notamment des listes d'attentes sur des verrous, est plus à même de choisir le pair devant héberger la nouvelle copie. De plus, la création d'une nouvelle copie nécessite un transfert d'état du protocole de cohérence. En effet, le nouveau pair doit recevoir une copie de la donnée mais également l'état complet du protocole de cohérence : par exemple, un numéro de version attribué à la donnée, l'état de la donnée (verrouillée ou non), une ou plusieurs listes d'attente sur la donnée, etc. C'est à la couche de jonction de gérer ces aspects.

4.3.2 Généricité de l'approche

L'architecture que nous venons d'introduire est suffisamment générique pour permettre au service de partage de données d'être utilisé par des applications imposant différentes contraintes liées au stockage et à l'accès aux données. En effet, les schémas d'accès aux données peuvent varier d'une donnée à l'autre, et certaines données sont plus *critiques* que d'autres.

Criticité des données. L'architecture proposée permet de prendre en compte le niveau de criticité des données. En effet, certaines données peuvent être considérées comme *critiques* (par exemple, des données produites par des instruments de mesures dont la regénération peut être coûteuse, voire impossible), alors que d'autres peuvent éventuellement être perdues (car facilement regénérables, par exemple). Étant donné que garantir la persistance d'une donnée par une plus forte réplication ralentit les accès aux données, il semble judicieux d'adapter le degré de réplication au niveau de criticité de la donnée. L'application doit pouvoir choisir le compromis *niveau de risque/performance* qu'elle accepte pour chaque donnée gérée par le service.

Schémas d'accès aux données. Suivant la manière dont les données sont accédées par les applications, JUXMEM est appelé à proposer des protocoles de cohérence adaptés. Par exemple, des données générées par un instrument de mesure seront en général stockées, puis utilisées en entrée de nombreux calculs, mais non modifiées. En revanche, d'autres données seront accédées presque uniquement en écriture, comme des points de reprise sauvegardés par exemple. Ces derniers sont remplacés au fur et à mesure qu'ils deviennent obsolètes et ne sont accédés en lecture qu'en cas de retour en arrière de l'application qui les a générés, ce qui est généralement peu fréquent. Mais beaucoup d'applications gèrent des données avec des schémas d'accès plus complexes, à la fois en lecture et en écriture, les accès étant parfois concurrents. En fonction des schémas d'accès aux données, certains modèles et protocoles de cohérence seront plus efficaces que d'autres. Pour supporter ces différents cas de figure, notre architecture est générique et permet de mettre en œuvre différents protocoles de cohérence. Cette approche s'appuie sur la notion de MVP générique introduite dans notre thèse de doctorat [8].

Architecture multiprotocole à plusieurs niveaux. La généricité ne se limite pas néanmoins au support de multiples protocoles de cohérence. La structuration en couches de JUXMEM permet de s'adapter à des exigences différentes en termes de performance et de garanties en cas de défaillances. Elle permet aussi de s'adapter aux contraintes physiques, notamment la probabilité d'occurrence de fautes pour chacune des données gérées par le service. À chacune des couches décrites ci-dessus peuvent correspondre plusieurs implémentations. Des interfaces entre ces couches ont été définies pour permettre de mettre en œuvre différents couplages entre ces implémentations. Ces interfaces permettent également d'implémenter facilement de nouveaux protocoles de cohérence, de nouveaux mécanismes de réplication, et d'expérimenter différentes combinaisons entre eux. De plus, cela permet aux applications de pouvoir elles-mêmes, pour chaque donnée partagée, choisir le compromis qui convient le mieux en fonction du niveau de risque estimé et des performances attendues.

4.4 Mise en œuvre dans JUXMEM et performances

L'approche que nous venons de décrire a été intégrée dans JUXMEM, notre architecture de service de partage de données pour grilles. La thèse de Sébastien Monnet [96] présente de manière détaillée la mise en œuvre et fournit une évaluation des fonctionnalités liées à la gestion de la tolérance aux fautes et à la cohérence des données. Nous reprenons ici quelques résultats significatifs qui évaluent les deux volets de notre contribution. D'une part, nous avons mesuré le gain en performance obtenu grâce à l'utilisation d'une approche hiérarchique. D'autre part, nous avons mesuré le surcoût engendré par les mécanismes de tolérance aux fautes en absence de fautes, ainsi que l'impact sur les performances des accès en cas d'occurrences de fautes.

Les expérimentations ont été réalisées sur la plate-forme Grid'5000 [148], notamment sur les grappes de Nancy ($G1$), Orsay ($G2$) et Rennes ($G3$). Dans l'ensemble de ces grappes, les machines utilisées sont équipées de bi-processeurs Opteron d'AMD cadencés à 2,0 GHz, munis de 2 Go de mémoire vive et exécutant la version 2.6 du noyau Linux. Le réseau utilisé au sein de chacune de ces grappe est Gigabit Ethernet. Les grappes sont reliées entre elles par le réseau Renater [162]. Les latences entre ces différentes grappes sont représentées par le tableau 4.8. Toutes les expérimentations ont été réalisées avec la version 0.3 de JUXMEM-C. Pour ces expérimentations, chaque nœud héberge un seul pair JUXMEM. Nous observons ici le comportement de JUXMEM au niveau d'*une* donnée partagée.

Rennes - Nancy	Rennes - Orsay	Nancy - Orsay
6 ms	4.5 ms	3 ms

TAB. 4.8 – Latence entre les grappes utilisées.

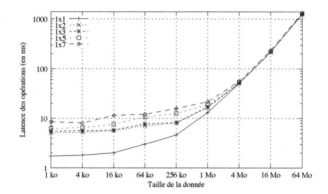

FIG. 4.9 – Coût des lectures en fonction de la taille de la donnée et du nombre de fournisseurs dans une grappe.

4.4.1 Le coût de la tolérance aux fautes

Cette première série d'expérimentations évalue le surcoût engendré par la réplication, tel qu'observé par les applications clientes de JUXMEM. Nous mesurons le coût des accès à une donnée partagée pour différents degrés de réplication et différentes tailles de données. Nous utilisons une réplication *semi-active*, dans laquelle les messages adressés au groupe de copies sont reçus par un nœud et retransmis aux autres membres du groupe. Le client reçoit un acquittement lorsqu'une majorité des copies sont à jour.

Description de la configuration JUXMEM. Nous utilisons ici 3 grappes dans lesquelles nous créons 3 groupes *cluster* JUXMEM. Chacun des groupes *cluster* contient un pair gestionnaire et 7 pairs fournisseurs. Le groupe *cluster* correspondant à la grappe *G*3 localisée à Rennes héberge en plus un pair client. Une *lecture* comprend l'acquisition du verrou en lecture (acquire_read), la récupération de la valeur de la donnée et la libération du verrou (release). Une *écriture* comprend l'acquisition du verrou en écriture (acquire), puis l'écriture effective de la donnée (memset) et la libération du verrou avec propagation de la donnée (release). Nous mesurons le coût des lectures et des écritures en faisant varier la taille des données, ainsi que la taille du GDG (*Global Data Group*) de 1 à 3 LDG (*Local Data Group*), et la taille des LDG de 1 à 7 fournisseurs (figures 4.9, 4.10, 4.11 et 4.12). Chaque courbe correspond à un nombre fixe de grappes et de nombre de copies par grappes, noté *nombre de grappes* × *nombre de fournisseurs par grappe*.

Impact de la réplication sur le coût des accès en lecture. Les figures 4.9 et 4.10 montrent que la réplication au sein des grappes (LDG) impacte peu le coût des opérations de lecture de données de grande taille : le surcoût est inférieur à 3% dès que la taille de la donnée dépasse 1 Mo. Pour les données de petites taille, ce surcoût est toutefois important : 4 ms pour une donnée de 1 ko. Ces résultats s'expliquent par le fait que les opérations de lecture ne font intervenir les mécanismes de réplication que pour les opérations de synchronisation acquire_read et release. La donnée est transférée vers le client à partir d'un seul pair fournisseur. Aussi, plus la donnée est grande, plus le surcoût introduit par la réplication lors des opérations de synchronisation est négligeable par rapport au temps de transfert de la donnée. En revanche pour les données de petite taille, le surcoût relatif engendré par les échanges entre les fournisseurs lors des opérations de synchronisation est significatif.

60

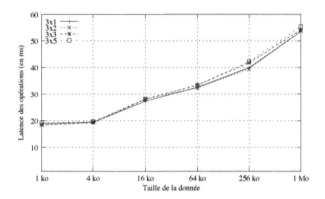

FIG. 4.10 – Coût des lectures en fonction de la taille de la donnée et du nombre de fournisseurs répartis dans 3 grappes.

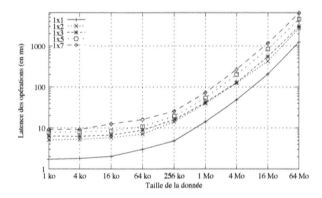

FIG. 4.11 – Latence des opérations d'écriture en fonction de la taille de la donnée et du nombre de fournisseurs dans une grappe.

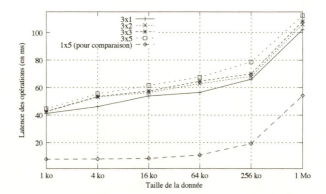

FIG. 4.12 – Latence des opérations d'écriture en fonction de la taille de la donnée et du nombre de fournisseurs répartis dans 3 grappes.

Impact de la réplication sur le coût des accès en écriture. Les figures 4.11 et 4.12 présentent le coût des écritures d'une donnée répliquée dans respectivement une et trois grappes. La réplication au sein d'une grappe coûte cher : le simple ajout d'une copie fait plus que doubler les temps d'écriture de la donnée (figure 4.11, courbes 1×1 et 1×2). Ce surcoût est essentiellement dû au temps de transfert de la donnée sur le deuxième fournisseur et à l'attente de l'acquittement correspondant. En revanche, l'ajout de copies supplémentaires est bien moins coûteux. Le nœud sérialisateur n'attend pas d'acquittement de *tous* les membres, mais seulement *d'une majorité* d'entre eux. Ainsi, dans le cas 1×3, un acquittement peut être retourné au client avant que la donnée n'ait été complètement transférée sur le troisième fournisseur. Lors de nos expérimentations, nous avons observé une différence de l'ordre de 5% pour des données de 1 Mo entre l'utilisation de n et de $n + 1$ fournisseurs, pour $n \geq 2$.

La 4.12 montre que le surcoût dû à la réplication intragrappe est négligeable par rapport au surcoût dû à la réplication intergrappe, ce qui s'explique facilement par la latence réseau nettement plus importante dans une configuration multigrappe. C'est bien pour prendre en compte ce facteur que l'approche hiérarchique montre son intérêt.

4.4.2 Gains apportés par l'approche hiérarchique

Le but de cette série d'expérimentations est d'évaluer le bénéfice de notre approche hiérarchique (présentée dans la section 4.2.2) qui permet à chaque client d'avoir accès à une copie de référence locale située dans la même grappe.

Intérêt des copies de référence locales. Pour mettre en évidence l'intérêt de la présence d'une copie de référence locale dans la grappe d'un client accédant à la donnée, nous supprimons les fournisseurs situés dans la même grappe que le client (G3) et nous mesurons le coût des accès lorsque le GDG ne contient qu'un LDG lui-même composé d'un seul fournisseur distant. Le client accède donc à une copie de référence non répliquée et non hiérarchique située dans une grappe distante (G1 lors de ces tests). Le tableau 4.4.2 reprend les temps moyens d'accès à une donnée locale, respectivement distante. (Les coûts des écritures et des lectures étant très proches, nous considérons à chaque fois la moyenne de ces deux coûts.)

Les mesures illustrent l'impact de l'augmentation de la latence réseau entre le client et le fournisseur hébergeant la copie de référence (6 ms entre Rennes et Nancy hébergeant respectivement G3 et G1). Les

62

Taille de la donnée en ko	1	4	16	64	256	1024
Temps moyen d'accès en ms (cas local)	1.72	1.80	2.02	3.01	4.72	13.54
Temps moyen d'accès en ms (cas distant)	25.12	25.13	44.76	52.04	58.74	88.35

TAB. 4.13 – Comparaison des temps d'accès lorsque la copie de référence est locale (1×1) ou distante.

opérations de lecture ou d'écriture requièrent 2 échanges entre le client et la copie de référence : 1) une requête et son acquittement pour la prise de verrou ; et 2) une requête et son acquittement pour la libération du verrou (la donnée est encapsulée dans les requêtes et/ou acquittements lorsque cela est nécessaire). Ces 4 échanges sur un lien réseau de latence 6 *ms* impliquent une latence des opérations au moins supérieure à 6 *ms* ∗ 4 = 24 *ms*.

Dans une deuxième étape, nous ajoutons une copie de référence locale dans la grappe du client, tout en conservant la copie présente dans la grappe distante. Notre schéma de réplication hiérarchique nous conduit aux résultats présentés dans le tableau 4.4.2.

Taille de la donnée en ko	1	4	16	64	256	1024
Lectures en ms (2 copies, une distante et une locale)	18.29	18.36	26.31	31.69	38.00	50.58
Écritures en ms (2 copies, une distante et une locale)	38.29	41.47	50.21	55.55	61.63	95.25
Temps moyen d'accès en ms (1 copie distante, pas de copie locale)	25.12	25.13	44.76	52.04	58.74	88.35

TAB. 4.14 – Comparaisons des temps d'accès à une donnée stockée dans une grappe distante, avec et sans copie dans la grappe local du client.

Dans ce cas, les performances des lectures se trouvent améliorées au détriment de celles des écritures. La copie de référence locale permet en effet des lectures plus rapides, mais les écritures sont ralenties par la mise en place de mécanismes de réplication entre les deux grappes. C'est le prix à payer pour la tolérance aux fautes !

Intérêt des groupes hiérarchiques. Nous visons ici à évaluer les bénéfices de l'approche hiérarchique des groupes de réplication. Nous mesurons le coût des accès à une donnée partagée par plusieurs clients, répartis dans 2 sites différents : 2 clients s'exécutent dans la grappe $G1$ à Nancy et 2 clients s'exécutent dans la grappe $G3$ localisée à Rennes. Chacun de ces clients effectue des itérations au sein desquelles il lit la donnée partagée, opère une phase de calcul puis modifie complètement la donnée partagée. Lors de ces mesures la donnée est répliquée sur 6 fournisseurs : 3 dans $G1$ et 3 dans $G3$. Lors de ces accès concurrents, toutes les copies de la donnée sont mises à jour sur les deux sites.

Nous comparons alors deux configurations *logiques* associées à la configuration physique décrite ci-dessus :
– une configuration *hiérarchique*, avec un GDG composé de 2 LDG hébergés sur $G1$ et $G3$ respectivement ;
– une configuration *plate*, avec un GDG composé d'un unique LDG.

Dans ce deuxième cas, nous "cachons" donc la topologie physique hiérarchique en configurant nos entités comme si tous les nœuds étaient situés dans la même grappe. Notre protocole ne peut alors pas prendre en compte la hiérarchie des latences et traitera les communications intergrappe et intragrappe comme si elles étaient équivalentes.

La figure 4.15 présente les coûts des accès dans ces 2 cas, en fonction de la taille de la donnée. Ces coûts sont les moyennes des temps d'accès des clients. Les résultats montrent clairement que la prise en compte de la hiérarchie des latences à travers une configuration logique hiérarchique est bénéfique : le coût des écritures et des lectures est nettement augmenté lorsque l'on n'en tient pas compte !

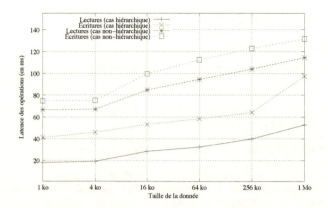

FIG. 4.15 – Comparaison des latences des opérations avec et sans approche hiérarchique.

4.5 Discussion

Ce chapitre décrit notre approche conjointe pour la *gestion conjointe de la cohérence et de la tolé-rance aux fautes* au sein d'un service de partage de données pour grilles. L'approche repose sur l'ex-tension d'algorithmes existants pour chacun de ces deux aspects : une adaptation est en effet nécessaire pour prendre en compte le caractère hiérarchique des grilles ainsi que les défaillances possibles. Des interfaces ont été définies pour faciliter le couplage des protocoles ainsi adaptés : cela permet de conce-voir des protocoles de cohérence sans avoir à prendre en compte simultanément les mécanismes de tolérance aux fautes sous-jacents. Il devient alors possible d'utiliser différentes protocoles tolérants aux défaillance pour la gestion des groupes de copie sans changer de protocole de cohérence ! De plus, il est possible de choisir pour chaque donnée des stratégies particulières pour la gestion des défaillance et pour la gestion de la cohérence. Cette approche multiprotocole permet aux applications de choisir la combinaison la mieux adaptée pour chaque donnée.

La notion de *groupe auto-organisant hiérarchique* est la clé de notre approche : nous avons vu comment il était possible, en partant d'un protocole *non hiérarchique* et *non tolérant aux fautes*, issu des recherches sur les systèmes à MVP, d'obtenir un protocole *hiérarchique, tolérant aux fautes*. Cette approche, que nous avons illustrée sur un cas particulier, peut être généralisée à d'autres protocoles de cohérence : le principe consiste à adapter les protocoles pour qu'ils puissent utiliser les groupes auto-organisants pour représenter leurs entités critiques. Dans cette démarche, l'approche hiérarchique doit être utilisée de manière conjointe. Comme nous l'avons montré, la prise en compte du caractère hiérarchique de la topologie physique a un impact fort sur les performances des protocoles de cohérence : le coût des accès s'en trouve nettement améliorés.

Chapitre 5

Validation du modèle de partage transparent des données

Les deux chapitres précédents ont décrit les points-clés de notre démarche en montrant comment le concept de service de partage de données pour grilles pouvait être construit par la généralisation, l'adaptation, et le couplage de techniques issues de plusieurs domaines : systèmes à MVP, systèmes P2P, systèmes tolérants aux fautes. Rappelons au lecteur que le principal objectif du service est de proposer un *modèle d'accès transparent aux données*. Pour valider le modèle proposé, il nous a semblé judicieux d'explorer – indispensable étape ! – la manière dont il pouvait s'intégrer avec plusieurs modèles actuels de programmation des calculs sur grille. Nous nous sommes notamment intéressé de près à deux types de modèle. Dans un premier temps, nous avons étudié l'introduction de l'accès transparent aux données dans le modèle Grid-RPC. Ce travail a été réalisé dans le cadre du projet GDS de l'ACI Masses de Données. Par la suite, il a servi de point de départ au projet LEGO du programme Calcul Intensif et Grilles de Calcul (CIGC) de l'ANR. Par ailleurs, nous avons également étudié les extensions possibles des modèles de programmation à base de composants (CCM, CCA), pour y introduire notre modèle d'accès transparent aux données partagées. Ce travail est actuellement en cours de finalisation, toujours dans le cadre du projet LEGO. Nous ne le détaillerons pas dans ce manuscrit : le lecteur intéressé pour se référer à [16, 17]. Ce chapitre donnera un aperçu de la manière dont nous avons intégré le partage transparent de données dans le modèle Grid-RPC. Nous reprenons ici les grandes lignes de ce travail de validation dont les détails sont disponibles dans [18]. Nous abordons également au passage la question de l'adaptation de l'intergiciel P2P JXTA pour permettre l'obtention de performances adéquates sur des grilles de calcul.

5.1 Intégration du partage transparent des données dans le modèle Grid-RPC

5.1.1 La gestion des données dans le modèle Grid-RPC

Le modèle Grid-RPC. Le modèle Grid-RPC [118] est le résultat d'un effort de standardisation et d'implémentation du modèle de programmation par appel de procédures à distance (*Remote Procedure Call*) dans le contexte des grilles de calcul. Cette initiative est un fruit du *Global GridForum* (GGF[1]). Le modèle Grid-RPC suit le même principe que le modèle RPC classique, mais l'enrichit de fonctionnalités utiles lors d'une exécution répartie sur grille. On peut citer notamment le lancement de tâches parallèles asynchrones à gros grain : les requêtes peuvent être exécutées à distance par des serveurs séquentiels ou

---

[1]ce forum a fusionné en 2006 avec le consortium *Enterprise Grid Alliance*, en donnant naissance à l'*Open Grid Forum (OGF)*

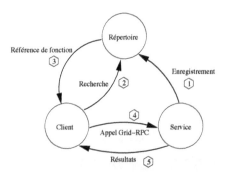

FIG. 5.1 – Illustration des entités conceptuellement présentes dans le modèle Grid-RPC.

parallèles, sans que cet aspect soit visible au client. La syntaxe et la sémantique des opérations proposées par l'interface de programmation du modèle Grid-RPC ont été définies dans le cadre du groupe de travail *GRIDRPC-WG* [150] de l'OGF. L'objectif est d'assurer la portabilité des applications utilisant ce modèle sur les différentes plates-formes qui l'implémentent. La spécification du modèle décrit également les entités qui doivent intervenir dans les systèmes qui implémentent le modèle Grid-RPC, ainsi que leurs rôles respectifs. Cette spécification a été suivie par les les plates-formes DIET [51], Ninf [100], NetSolve [31], OmniRPC [117] ou XtremWeb [49]. Nous appellerons ces systèmes *intergiciels Grid-RPC*.

Le modèle Grid-RPC fait intervenir plusieurs entités dont les interactions sont illustrées sur la figure 5.1. Dans une première étape, un *service* déclare sa disponibilité en s'enregistrant dans un *répertoire*. Ce service est hébergé par une *machine serveur*. Le service peut utiliser un ou plusieurs processus de manière interne. Pour simplifier cette multitude de configurations possibles et par abus de langage, nous utilisons le terme *serveur* pour désigner un processus d'une machine serveur (qui héberge potentiellement plusieurs services). Un processus *client* qui cherche un service contacte un répertoire (étape 2) qui va finalement lui retourner une *référence de fonction* (en anglais *function handle*) sur le service recherché (étape 3) s'il est connu. Notons que le modèle Grid-RPC ne spécifie pas les mécanismes à utiliser pour la découverte des services. Le client peut alors utiliser cette référence de fonction pour appeler le service (étape 4) qui va effectuer le calcul et finalement retourner un résultat (étape 5). À l'étape 3, c'est le rôle des intergiciels Grid-RPC de trouver le « meilleur » serveur parmi un ensemble de serveurs candidats pour chaque requête émise par le client. Ce choix s'effectue en prenant en compte des informations sur l'efficacité des différents serveurs disposant du service recherché. Ces informations peuvent être statiques, comme par exemple la fréquence du processeur de la machine et la taille de sa mémoire vive, mais également dynamiques, comme les services installés, la charge de la machine, la localisation des données nécessaires aux calculs, etc. Cet équilibrage de charge au sein de la plate-forme de calcul est réalisé par un ou des *agents* qui implémentent de manière distribuée la fonctionnalité de répertoire. L'objectif de ces agents est alors d'optimiser le débit global de la plate-forme de calcul. L'interface de programmation du modèle Grid-RPC est principalement constituée de deux fonctions : grpc_call et grpc_call_async qui permettent respectivement d'effectuer un appel Grid-RPC synchrone et asynchrone. Le lecteur intéressé par une description plus détaillée de cette interface de programmation pourra se référer à [101]. La plupart des intergiciels Grid-RPC (DIET et Ninf-G, par exemple) permettent de caractériser les paramètres d'un appel Grid-RPC en leur associant trois *modes d'accès* possibles :

– in pour signifier qu'il s'agit des paramètres en entrée du calcul ;
– out pour désigner les paramètres produits par la calcul ;

66

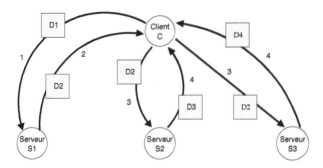

FIG. 5.2 – Illustration de la gestion des données dans l'état actuel de la spécification du modèle Grid-RPC pour une série de requête de calculs.

– inout pour indiquer les paramètres modifiés par le calcul.
Notons néanmoins que le concept de mode d'accès d'un paramètre ne fait pas partie de la spécification du modèle Grid-RPC.

Gestion des données : les besoins. Dans sa première version, la spécification du modèle Grid-RPC s'est principalement concentrée sur la gestion des calculs et n'a pas visé à optimiser la gestion des données. Ainsi, les données en out ou inout pour un calcul sont retournées au client, alors que les données en in sont détruites. Il en résulte d'inutiles transferts lorsque les données produites par un calcul sont utilisées par la suite pour d'autres calculs. L'exemple présenté sur la figure 5.2 illustre ce type de situation. La client C enchaîne plusieurs calculs en utilisant d'abord le serveur $S1$, puis de manière concurrente les serveurs $S2$ et $S3$. Supposons que les calculs réalisés sur $S2$ et $S3$ dépendent des calculs réalisés sur $S1$: la donnée $D2$ produite sur $S1$ est utilisée par les calculs ordonnancés sur les serveurs $S2$ et $S3$. Supposons de plus que $D2$ soit une donnée intermédiaire qui n'est pas utile pour le client C. En utilisant le modèle Grid-RPC tel quel, le client C reçoit néanmoins la donnée $D2$ produite par le premier calcul sur le serveur $S1$ (étape 2). Puis, pour effectuer les deux appels Grid-RPC en parallèle, il doit la transférer à nouveau à la fois vers le serveur $S2$ mais également vers $S3$ (étapes 3). Ces 3 transferts entre la plate-forme de calcul et le client sont inutiles et ne devraient pas avoir lieu, car donnée $D2$ n'intéresse pas le client. Seules les données $D3$ et $D4$ produites par les serveurs $S2$ et $S3$ ont été demandées : elles sont retournées au client C à l'étape 4.

Une liste de besoins a donc été établie par l'OGF pour pallier les limites actuelles concernant la gestion des données dans le modèle Grid-RPC. Elle concerne plusieurs aspects :

– le passage par référence des arguments partagés entre plusieurs appels Grid-RPC, pour éviter certains transferts de données ; cela peut alors nécessiter une gestion de la cohérence des données en cas d'accès concurrents ;
– l'optimisation de la bande passante lors des transferts de données, par exemple en copiant uniquement les sous-parties des données qui sont nécessaires pour effectuer les calculs ;
– la tolérance aux fautes de la plate-forme de calcul, et donc un stockage persistant tolérant aux fautes[2].

Nous y ajouterons une autre propriété qui nous semble particulièrement utile :

– la localisation transparente des données stockées dans le système par les clients, dans l'objectif d'éviter aux applications Grid-RPC d'avoir à gérer la localisation des données.

---

[2]L'objectif n'est toutefois pas de stocker les données de manière pérenne.

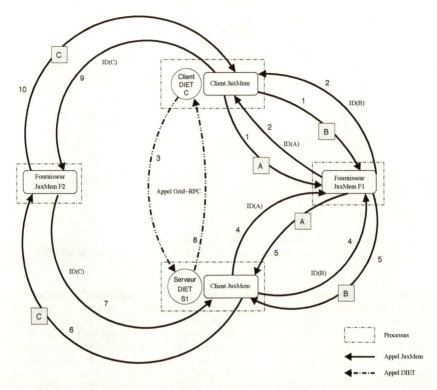

FIG. 5.3 – Multiplication de deux matrices par un client DIET utilisant JUXMEM pour la gestion des données.

Cette propriété de transparence doit être fournie en veillant à maintenir la compatibilité avec l'interface de programmation du modèle Grid-RPC telle qu'elle existe. L'objectif est de permettre aux applications déjà bâties sur ce modèle d'en bénéficier sans que cela requière d'importantes modifications.

5.1.2 Utilisation et validation de JUXMEM dans le modèle Grid-RPC

Pour répondre aux besoins que nous venons d'énumérer, nous avons exploré la possibilité d'étendre le modèle Grid-RPC avec des fonctionnalités de partage transparent offertes par le service de partage de données JUXMEM. Comme étude de cas, nous avons étudié l'intégration de JUXMEM avec l'intergiciel Grid-RPC DIET [51] développé par l'équipe-projet GRAAL de l'INRIA à l'ENS Lyon. Cette intégration a été mise en œuvre et évaluée sur des codes synthétiques et à l'aide d'une application grandeur nature de calcul matriciel creux [18].

L'utilisation de JUXMEM par DIET permet de découpler la gestion des données de la gestion des calculs. JUXMEM fournit à DIET le partage transparent et cohérent des données, un stockage persistant et une tolérance à la volatilité des ressources de stockage. La mise en œuvre de l'utilisation de JUXMEM par DIET s'appuie sur les modes d'accès que l'utilisateur de DIET peut spécifier : in, out, inout et s'applique aux données qui sont désignées par le programmeur comme persistantes (mode de persistance PERSISTENT ou PERSISTENT_RETURN[3]).

Avant de présenter l'ensemble plusieurs cas de figure possibles (selon les modes d'accès, le type de l'entité DIET impliquée, etc.), prenons un exemple d'utilisation de JUXMEM par DIET. La figure 5.3 représente les entités DIET et JUXMEM utilisées pour la multiplication de deux matrices A et B, constituées de double, sur un serveur $S1$. Ce serveur a été préalablement choisi comme indiqué précédemment. Le client $C1$ émet sa requête de calcul en déclarant deux paramètres in (les matrices A et B), et un paramètre out : la matrice C. Par ailleurs, nous faisons l'hypothèse que les matrices A et B doivent être stockées de manière persistante. Quant à la matrice C, elle est également stockée de manière persistante, mais le client C souhaite en obtenir une copie. Les modes de persistance des matrices A, B et C sont respectivement PERSISTENT, PERSISTENT et PERSISTENT_RETURN.

Chaque entité DIET impliquée (client et serveur) charge et utilise la bibliothèque JUXMEM et agit ainsi en tant que client vis-à-vis de JUXMEM. Les clients JUXMEM ainsi créés vont alors se connecter à un réseau JUXMEM existant afin de pouvoir stocker et partager des données. En conséquence, à la fois le client et le serveur DIET vont pouvoir utiliser l'interface de programmation offerte par JUXMEM pour allouer de l'espace mémoire pour stocker les matrices et y accéder.

Les listings 5.1 et 5.2 présentent respectivement le code utilisé par le client et par le serveur dans l'exemple précédent. Par souci de lisibilité, ce code est simplifié et se focalise sur l'utilisation par DIET de l'interface de programmation de JUXMEM. Notons que le code présenté ici est interne à DIET. Du côté du client, il est inclus dans le corps de la fonction grpc_call (et grpc_call_async) ; du côté du serveur il se retrouve dans le corps de la fonction solve, qui reçoit les requêtes de calcul à traiter par ce serveur. Ce code est donc caché aux applications qui utilisent l'intergiciel Grid-RPC DIET : c'est ainsi que la gestion des données est rendue *transparente* au niveau applicatif.

Le client DIET commence par projeter les matrices en entrée (A et B) dans JUXMEM sur le fournisseur $F1$ via la primitive juxmem_attach (étapes 1 et 2, lignes 4 et 5 du listing 5.1). Cette primitive équivaut à une allocation juxmem_malloc suivie d'une initialisation de la zone mémoire allouée par la valeur d'une donnée locale. Les identifiants ainsi créés, $id(A)$ et $id(B)$, sont alors inclus dans la requête de calcul qui est transmise au serveur DIET $S1$ par l'appel Grid-RPC remote_solve (étape 3 et ligne 7 du listing 5.1). Ce serveur utilise les identifiants transmis pour projeter ces matrices partagées dans son espace mémoire local via les appels à la primitive juxmem_mmap (étapes 4 et 5, lignes 2 et 3 du listing 5.2). Il obtient ensuite les verrous associés aux matrices A et B en lecture an appelant la primitive juxmem_acquire_read (appels non représentés sur la figure, lignes 5 et 6 du listing 5.2). La multiplication des deux matrices peut alors être effectuée par l'appel à la fonction multiply, qui produit la matrice C (ligne 8 du listing 5.2). Les verrous sur les matrices A et B sont alors relâchés via les appels à la primitive juxmem_release (non représentés sur la figure, lignes 10 et 11 sur le listing 5.2). Puis, la matrice C est projetée dans JUXMEM sur le fournisseur $F2$[4], toujours via la primitive juxmem_attach (étapes 6 et 7, ligne 11 du listing 5.2). L'identifiant ainsi généré est retourné au client C (étape 8), qui peut alors accéder à la matrice en la projetant dans son espace d'adressage en utilisant la primitive juxmem_mmap (étapes 9 et 10, ligne 9 du listing 5.1). Le mode de persistance de la matrice C est PERSISTENT_RETURN : elle doit donc être rendue accessible dans l'espace d'adressage du client C. Cela est réalisé par l'acquisition puis le relâchement du verrou associé (lignes 10 et 11 du listing 5.1).

La table 5.4 généralise et résume l'utilisation de l'interface de programmation de JUXMEM par DIET dans tous les cas de figure, à la fois du côté du client et du côté du serveur. Notons que les appels à JUXMEM par le client sont réalisés dans les cas inout et out après le calcul seulement si le mode de persistance de la donnée est PERSISTENT_RETURN.

---

[3] Voir [51] pour une description détaillée de ces modes.

[4] Pour des raisons de lisibilité sur la figure 5.3 $F2$ est différent de $F1$. Toutefois en pratique $F2$ peut éventuellement être confondu avec $F1$.

	Client		serveur DIET	
	Avant Calcul	Après calcul	Avant calcul	Après calcul
in	`attach` `msync` `detach`		`mmap` `acquire_read`	`release` `unmap`
inout	`attach` `msync`	`acquire_read` `release`	`mmap` `acquire`	
out		`mmap` `acquire_read` `release`		`attach` `msync` `unmap`

TAB. 5.4 – Utilisation de l'interface de programmation de JUXMEM par DIET selon le mode d'accès des paramètres (le préfixe juxmem a été omis pour simplifier la lecture).

Listing 5.1 – Code interne au client DIET et lié à JUXMEM pour la multiplication de deux matrices persistantes *A* et *B* sur un serveur DIET.

```
grpc_error_t grpc_call (grpc_function_handle_t *handle) {
  grpc_serveur_t *SeD = request_submission(handle);
  ...
  char *idA = juxmem_attach(handle-> A, data_sizeof(handle-> A));
  char *idB = juxmem_attach(handle-> B, data_sizeof(handle-> B));
  ...
  char *idC = SeD->remote_solve(multiply, idA, idB);
  ...
  juxmem_mmap(handle-> C, data_sizeof(handle-> C), idC);
  juxmem_acquire_read(handle-> C);
  juxmem_release(handle-> C);
  ...
}
```

Listing 5.2 – Code interne au serveur DIET et lié à JUXMEM pour la multiplication de deux matrices persistantes *A* et *B* depuis un client.

```
char* solve (grpc_function_handle_t *handle, char *idA, char *idB) {
  double *A = juxmem_mmap(NULL, data_sizeof(handle-> A), idA);
  double *B = juxmem_mmap(NULL, data_sizeof(handle-> B), idB);

  juxmem_acquire_read(A);
  juxmem_acquire_read(B);

  double *C = multiply( A, B);

  juxmem_release(A);
  juxmem_release(B);
  return idC = juxmem_attach(C, data_sizeof(handle-> C));
}
```

Les modifications apportées à l'intergiciel Grid-RPC DIET pour permettre l'utilisation de JUXMEM pour gérer les données persistantes sont minimes : elles représentent 200 lignes de code dans le langage

70

C++. Le code correspondant peut être activé ou désactivé via une option de compilation de DIET. L'implémentation de JuxMem utilisée est JuxMem-C. Plus précisément, il s'agit d'une interface C++ de JuxMem-C identique à celle de la version C (les appels sont fait en mode *inline*). La première version de DIET qui permet d'utiliser JuxMem (2.0) date de juillet 2005.

5.1.3 Évaluation expérimentale sur grille

Nous présentons ici quelques résultats obtenus lors de l'évaluation de notre proposition de gestion de données dans DIET à l'aide de JuxMem. L'objectif est d'évaluer les bénéfices apportées par l'introduction de la persistance et de l'accès transparent aux données dans le modèle Grid-RPC, notamment l'impact sur le temps d'exécution des applications.

Conditions expérimentales. Pour ces expériences, nous avons utilisé 129 nœuds répartis sur 4 parmi les 9 sites de la plate-forme expérimentale Grid'5000 : Rennes, Orsay, Toulouse et Lyon. Il s'agit de nœuds bi-processeurs AMD Opteron cadencés à 2,2, 2,4,ou 2,6 GHz, disposant de 2 Go de RAM par nœud. Dans chaque grappe, les machines sont exploitées sous Linux (noyau 2.6) et communiquent à travers un réseau Gigabit Ethernet à 1 Go/s. Les communications entre les grappes utilisent des liens à 10 Go/s, avec des latences entre 4,5 ms et 10 ms. Les tests ont été réalisés avec JuxMem 0.3 et DIET 2.1 en utilisant gcc version 4.0 avec le niveau -O2 d'optimisation. Le déploiement a été effectué à l'aide de l'outil générique de déploiement ADAGE [86] pour JuxMem et de GoDIET [50] pour DIET. Notons que la réalisation de ces expériences a été particulièrement complexe : elle a impliqué le déploiement sur une configuration multigrappe d'environnements logiciels répartis utilisant plusieurs intergiciels (JXTA, CORBA) à l'aide de différents outils de déploiement ayant besoin d'interagir.

Expériences avec le solveur parallèle MUMPS. L'application que nous considérons ici est MUMPS (*MUltifrontal Massively Parallel Solver*) [5], un solveur parallèle de systèmes d'équations linéaires de la forme $\mathbf{Ax} = \mathbf{b}$, où $\mathbf{A}$ est une matrice carrée creuse. MUMPS utilise une technique multifrontale de résolution directe basée sur une la factorisation LU ou LDL^T (voir [6] pour une description détaillée de ces techniques).

Nous avons exécuté 3 séries d'expériences avec MUMPS, notées $E1$, $E2$ et $E3$. Dans toutes ces expériences le code applicatif est le même : ce qui change d'une expérience à l'autre est la configuration logique et l'échelle à laquelle nous avons déployé les environnements JuxMem et DIET. $E1$ a été réalisée dans un environnement monograppe, alors que $E2$ et $E3$ se sont déroulées sur une configuration multigrappe. Le code applicatif consiste en l'exécution en boucle de 32 appels Grid-RPC synchrones à MUMPS pour résoudre un système d'équations linéaires $\mathbf{Ax} = \mathbf{b}$, où $\mathbf{A}$ et $\mathbf{b}$ sont des données en entrée en $\mathbf{x}$ une donnée en sortie (la solution du système). Entre les itérations $\mathbf{b}$ est modifié, mais $\mathbf{A}$ reste inchangée et son mode de persistance est positionné à PERSISTENT. Lorsque JuxMem est utilisé par DIET pour la gestion de la matrice, DIET appelle les primitives JuxMem comme spécifié en première ligne du tableau 5.4. Dans toutes les expériences, nous avons utilisé deux tailles pour la matrice $\mathbf{A}$: une taille moyenne de 22 Mo ($A1$) et une taille plus grande de 52 Mo ($A2$).

L'expérience $E1$ a été réalisée sur une configuration minimale monograppe (avec un seul fournisseur d'espace mémoire JuxMem et un seul serveur de calcul DIET). L'objectif a été d'évaluer le surcoût introduit dans DIET par l'utilisation de JuxMem. Le temps total d'exécution varie de 36.6 à 41.3 secondes avec $A1$ et de 957 à 961 secondes avec $A2$. Le surcoût est donc élevé pour les matrices de petite taille (13 % du temps total d'exécution dans le cas de la matrice $A1$), mais il diminue significativement dès que la taille des données traitées augmente : il est inférieur à 1 % pour la matrice $A2$!

Dans un deuxième temps (expérience $E2$), nous avons cherché à évaluer les bénéfices (espérés !) apportés par l'utilisation de JuxMem dans DIET dans un environnement de type grille. Nous avons déployé une configuration minimale pour 3 grappes : un serveur de calcul DIET et un fournisseur

TAB. 5.5 – Temps total d'exécution (en secondes) pour une application MUMPS qui utilise DIET avec et sans JUXMEM, pour deux tailles différentes de matrices

Matrice	A1 (22 Mo)		A2 (52 Mo)	
DIET configuré	sans JUXMEM	avec JUXMEM	sans JUXMEM	avec JUXMEM
Expérience E1	36.6	41.3	957	961
Expérience E2	92.6	53.7	1420	880
Expérience E3	103	103	1358	843

JUXMEM sont déployés sur chacune de ces grappes. Les tests ont été réalisé sur les grappes de Lyon, Toulouse et Rennes. Les résultats montrent clairement l'intérêt d'une gestion persistante des données via JUXMEM : en comparaison à une configuration de DIET sans JUXMEM, le temps d'exécution est réduit de 42 % pour A1 et de 38 % pour A2 (cf. tableau 5.5). (Il faut noter que le temps d'exécution est légèrement amélioré par rapport à l'expérience E1, grâce à l'utilisation de processeurs plus puissants sur les 3 sites.)

Ensuite, nous avons réalisé une troisième expérience (E3) similaire à E2, mais en déployant des configurations de plus grande taille : nous avons utilisé 32 serveurs DIET et 8 fournisseurs JUXMEM dans chacune des 3 grappes. Le but était d'évaluer l'impact de la concurrence sur la performance des accès aux données partagées via JUXMEM : en effet, en augmentant le nombre de serveurs DIET on augmente le nombre de clients accédant de manière concurrente à la même donnée. On constate que dans le cas de la matrice A1 le temps d'exécution est le même : on gagne grâce à la persistance, mais on perd à cause des performances plus faibles des accès à des données partagées dans des conditions de concurrence. Ces accès plus coûteux s'expliquent par les besoins de synchronisation requis pour assurer la cohérence des accès. Néanmoins, lorsqu'on augmente la taille de la matrice partagée, le temps d'exécution est réduit de 38 % lorsqu'on utilise JUXMEM ! Ces chiffres représentent des moyennes sur 4 exécutions, compte tenu du fait que DIET peut prendre des décisions d'ordonnancement différentes pour les exécutions successives en choisissant des serveurs de calcul différents.

Discussion. Les résultats obtenus pour les trois expériences que nous venons de décrire sont résumés dans le tableau 5.5. Ils mettent clairement en évidence les avantages de l'utilisation d'un service de partage de données comme JUXMEM pour gérer de manière transparente la persistance des données dans le un environnement Grid-RPC sur des infrastructures de type grille multigrappe. Cette fonctionnalité permet d'éviter de multiples transferts de grands volumes de données entre clients et serveurs lorsque les données sont partagées par plusieurs calculs. Notons aussi que, avec JUXMEM, le temps d'exécution d'une application MUMPS sur une infrastructure multigrappe reste très proche de celui d'une exécution au sein d'une même grappe, en dépit des liens inter-grappes à plus forte latence. Comme expliqué précédemment, les temps légèrement meilleurs s'expliquent par des différences dans les performances des processeurs utilisés dans les différents calculs répartis sur les trois sites.

5.2 Quelques considérations liées aux expérimentations à grande échelle

Dans nos travaux, nous avons privilégié une validation expérimentale sur des plates-formes réparties *réelles*. Cette démarche a été rendue possible grâce à la possibilité d'utiliser la grille expérimentale Grid'5000, et nous ne le dirons jamais assez !

Comme expliqué dans le chapitre 3, l'architecture de notre service de partage de données repose sur des mécanismes pair-à-pair pour les communications et la découverte de ressources. Ces protocoles

Implémentation	JXTA-J2SE 2.3.2		JXTA-C 2.2	
Métrique	Débit	Latence	Débit	Latence
Canal unidirectionnel	80 Mo/s (16 Mo)	711 μs	96 Mo/s (0,25 Mo)	294 μs
Service point-à-point	80 Mo/s (4 Mo)	294 μs[a]	102 Mo/s (0,25 Mo)	149 μs
Langage	Java		C	
BSD *sockets*	111 Mo/s (4 Mo)	46 μs	116,5 Mo/s (4 Mo)	39 μs

[a]268 μs avec la JVM 1.5 de Sun.

TAB. 5.6 – Performances initiales en termes de débit et de latence de JXTA-J2SE 2.3.2 et JXTA-C 2.2 sur un réseau SAN Gigabit Ethernet pour chaque couche de communication étudiée, comparées aux performances des *sockets* BSD. Pour les débits, les chiffres entre parenthèses correspondent à la taille de message pour laquelle le débit maximal est atteint.

(fournis par JXTA, en l'occurrence) ont été initialement conçus et calibrés pour une utilisation sur Internet, donc sur un système réparti ayant des caractéristiques très différentes de celles des grilles de calcul, telles que nous les avons décrites dans la section chapitre 2.2. Il était alors judicieux de se demander : dans quelle mesure l'utilisation de tels protocoles est-elle adaptée aux grilles ? Est-il possible d'améliorer leur fonctionnement sur ce type d'infrastructure en tenant compte de ses spécificités (topologie hiérarchique, réseaux intragrappes SAN très performants, etc.) ?

Nous avons donc abordé cette question par l'évaluation de ces protocoles « tels quels » sur notre grille expérimentale, puis nous avons exploré plusieurs pistes pour les rendre plus performants. Nous avons effectué ce travail sur les protocoles de communication de JXTA et, dans une moindre mesure, sur les protocoles de maintien du réseau logique pair-à-pair JXTA. Dans cette section nous illustrons quelques aspects de ce travail d'optimisation des communications de JXTA pour les grilles de calcul. Le lecteur intéressé par l'évaluation des protocoles de gestion du réseau logique JXTA sur les grilles trouvera une description de nos expériences dans [20].

5.2.1 Optimisation des protocoles JXTA pour un déploiement sur grille

Évaluations initiales. Dans une première étape, nous avons mesuré les performances « initiales » en termes de débit et de latence des couches de communication de JXTA. Il s'agit du *service de communication point-à-point* (*endpoint service*, en terminologie JXTA) et du service de communication par *canaux unidirectionnels* (*pipe service* en terminologie JXTA). Le premier représente la couche de communication de plus bas niveau de JXTA et repose sur l'utilisation de *sockets*. Le deuxième repose sur le premier et offre un support pour la volatilité : les pairs ne communiquent pas directement mais via un canal virtuel de communication. Ainsi, les éventuelles défaillances des récepteurs n'affectent pas les émetteurs, tant que la réception est prise en charge par un autre récepteur non défaillant.

Les chiffres obtenus sont présentés au tableau 5.6 pour JXTA-J2SE 2.3.2 et JXTA-C 2.2 sur un réseau Gigabit Ethernet, en SAN. On peut facilement constater que les performances en termes de latence sont loin d'atteindre celles des simples *sockets* BSD : entre 149 μs et 711 μs selon les couches et le langage d'implémentation contre 39 μs à 46 μs pour les *sockets* BSD. Il faut noter aussi que les débits présentés pour JXTA-J2SE (80 Mo/s) ne sont atteints que pour des messages de grande taille : 16 Mo pour les canaux unidirectionnels et 4 Mo pour le service point-à-point. Les courbes de débit de JXTA-C sont plus proches des performances des *sockets* BSD. Ces débits sont atteints par JXTA-C dès que la taille des message dépasse 256 ko.

Les performances de JXTA-J2SE et JXTA-C sur des réseaux de type WAN sont comparables aux performances des *sockets* : on constate une quasi-saturation du lien à 1 Gb/s utilisé pour ces tests (débit de 98 Mo/s comparé à 104 Mo/s pour une *socket* C). De tels débits peuvent être atteints sous réserve d'une configuration adéquate de la taille des tampons TCP pour être en accord avec le produit *débit* × *délai* correspondant aux caractéristiques de la liaison. Enfin, la taille totale d'un message JXTA contenant 1 octet applicatif est de 961 octets pour un canal unidirectionnel ($r = 0, 1$ %) et de 233 octets pour le service point-à-point ($r = 0, 4$ %), où r est l'efficacité du protocole, définie comme le ratio entre la taille du message applicatif et la taille totale du message. Une présentation plus détaillée de ces résultats sur différentes versions de JXTA-J2SE et JXTA-C, ainsi que des évaluations sur des réseaux Fast Ethernet (100 Mo/s) et Myrinet-2000[5] sont disponibles dans [28, 26, 27].

Les performances des couches de communication de JXTA-J2SE et JXTA-C en WAN ne pénalisent pas les transferts de données entre les différents sites d'une grille. En revanche, les performances des couches de communications de JXTA-J2SE et JXTA-C en SAN limitent l'utilisation efficace des capacités de ces réseaux lors des transferts de données dans JUXMEM. L'architecture des grilles de calcul est hiérarchique : faible latence au sein d'un SAN et forte latence en WAN. Les protocoles de cohérence utilisés tiennent compte de cette caractéristique. Ainsi, ils favorisent les messages échangés dans un SAN, en privilégiant par exemple le passage du verrou associé à une donnée entre processus s'exécutant sur ce même SAN. De la même manière, lors du premier accès en lecture à une donnée au sein d'un SAN, un groupe local de gestion de cette donnée est créé afin d'éviter de coûteuses communications en WAN. L'appartenance d'un ensemble de processus à un même SAN est définie par l'utilisation du même groupe CLUSTER, tel qu'il a été introduit dans l'architecture de JUXMEM (voir section 2.2).

Optimisations. La lecture du code de l'implémentation des ces couches de communication de JXTA nous a permis d'identifier trois causes pour ces latences non satisfaisantes. Premièrement, l'efficacité r des couches de communication de JXTA est faible. Deuxièmement, le code du chemin critique pour l'envoi et la réception d'un message n'est pas optimisé pour minimiser le temps de traitement. Troisièmement, une optimisation peut être réalisée dans le cas particulier où des communications directes entre les pairs sont possibles, en éliminant dans les entêtes des protocoles JXTA des informations liées au routage. En effet, dans le contexte classique des systèmes P2P ce cas est une exception, mais il ne l'est plus dans le cas des grilles de calcul. Nous avons donc jugé utile d'optimiser les couches de communication de JXTA pour une utilisation dans le contexte des grilles, l'objectif étant d'améliorer les performances des transferts de données au sein de JUXMEM. Pour la réalisation et la validation de nos optimisations, nous nous sommes concentrés sur le couple JXTA-C et JUXMEM-C. Toutefois, ces résultats peuvent également être appliquées à JXTA-J2SE.

Condensation et mise en cache d'éléments. Le service de communication point-à-point de JXTA ajoute deux éléments à chaque message JXTA émis : adresse source et adresse de destination. Ces informations sont incluses dans les messages échangés lors de l'établissement de la connexion. Cette optimisation consiste donc à supprimer les informations redondantes et de ne garder que la seule information utile : le nom du service en charge du traitement du message lors de sa réception. Ces optimisations s'apparentent à la technique classique de mise en cache des en-têtes (en anglais *header caching*), largement utilisée par différentes implémentations de protocoles réseaux.

Connexions directes. Lorsqu'une connexion directe entre les pairs peut être établie, les informations liées au routage (présentes dans les entêtes JXTA du protocole de communication point-à-point) deviennent inutiles et peuvent donc être supprimées. Cette optimisation permet d'éviter le traitement XML associé à l'analyse lexicale de l'élément routeur ainsi que la traversée de la couche logicielle implémentant le protocole de routage.

Mode zéro-copie. Cette optimisation consiste à enregistrer une fonction de rappel associée à un espace de nommage applicatif. Cette fonction, qui sera appelée lors de chaque réception d'un message qui spécifie cet espace de nommage, doit retourner une adresse mémoire valide et d'une taille suffisante pour stocker la valeur de l'élément lu. La donnée pourra alors être stockée directement

---

[5]Via la fonctionnalité d'émulation de la couche TCP/IP du driver GM de Myrinet.

Implémentation	JXTA-C 2.2 non optimisé	JXTA-C 2.2 optimisé
Canal unidirectionnel	294 μs	90 μs
Service point-à-point	149 μs	84 μs
BSD *sockets*	39 μs	

TAB. 5.7 – Performances en termes de latence du service point-à-point et d'un canal unidirectionnel de JXTA-C 2.2, comparées aux performances en latence d'une *socket* C.

dans la zone mémoire allouée par l'utilisateur au niveau applicatif. Cette optimisation est utilisée au sein de JXTA pour limiter le nombre de copies mémoire, et éventuellement atteindre un transfert de données en mode zéro-copie (lorsque l'encodage XDR n'est pas utilisé dans JUXMEM). Dans le cas contraire une copie est nécessaire.

Évaluations des optimisations. Nos optimisations ont principalement visé a optimiser la latence des couches de communication de JXTA. En effet, elle s'est avérée très mauvaise lors de l'évaluation de la version initiale de ces couches comme expliqué plus haut. Le tableau 5.7 présente les améliorations que nous avons constatées après les modifications que nous venons de décrire, pour le service point-à-point et pour un canal unidirectionnel. Ces chiffres correspondent à JXTA-C 2.2.

Ces améliorations sont très conséquentes : la latence d'un canal unidirectionnel en version optimisée est de 90 μs, soit une réduction de 70 %, dont 47 % s'expliquent par l'optimisation liée à l'exploitation des connexions directes, selon nos mesures. Cette optimisation permet de réduire de 684 octets la taille des messages, soit une amélioration de l'efficacité du protocole de 71 %. La latence du service point-à-point est réduite en version optimisée est de 84 μs, soit un gain de 44 %. Ce gain est principalement dû à la *condensation* et à la *mise en cache d'éléments* qui permet une amélioration de l'efficacité du protocole de 30 % au niveau du service point-à-point. Par ailleurs, les deux services bénéficient de diverses améliorations liées aux réécritures de codes.

La figure 5.8 compare le débit du service point-à-point et d'un canal unidirectionnel de JXTA-C 2.2 dans leurs versions optimisées au débit d'une *socket* C. On peut mesurer un débit de l'ordre de 110 Mo/s pour chacune des deux couches de communication de JXTA, soit un écart de 6,4 % par rapport au débit des *socket* C.

En remontant d'un niveau dans les couches de l'architecture de notre service, nous avons ensuite comparé le débit de la couche de communication de JUXMEM-C 0.2 à celui d'un canal unidirectionnel en version optimisée de JXTA-C 2.2 sur lequel cette couche repose. Le débit d'une *socket* C est également représenté en guise de référence. La couche de communication de JUXMEM-C atteint le débit d'un canal unidirectionnel, 110 Mo/s pour une taille de message de 2 Mo/s. La latence est de 127 μs, soit un surcoût de 43 μs par rapport à la latence d'un canal unidirectionnel de JXTA-C. Ceci s'explique par les deux éléments ajoutés (respectivement lus) pour chaque envoi (respectivement réception) d'un message JXTA. Ces éléments correspondent à l'identifiant du canal unidirectionnel du pair émetteur et à l'identifiant de la fonction de rappel à appeler sur ce pair de destination.

Discussion des résultats. L'une des premières questions que nous nous sommes posées lorsque nous avons choisi de bâtir un service de partage de données pour grille sur des protocoles pair-à-pair a été : dans quelle mesure ces protocoles sont-ils adaptées aux grilles ? Leurs performances seront-elles à la hauteur ? Est-il « raisonnable » de vouloir utiliser les protocoles de communication d'une bibliothèque P2P telle que JXTA pour le transfert des données, ou alors ces performances sont-elles pénalisantes à tel point qu'il faille réduire l'utilisation des mécanismes P2P uniquement à la mise en relation, connue pour son efficacité dans des conditions volatiles ?

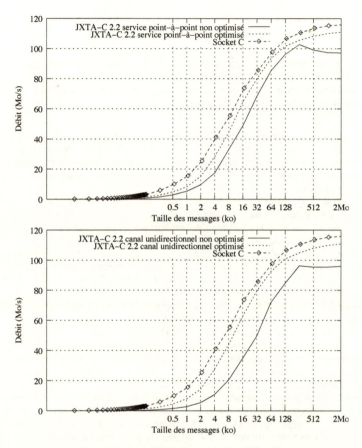

FIG. 5.8 – Débit comparé du service point-à-point (gauche) et d'un canal unidirectionnel (droite) de JXTA-C 2.2 sur un réseau SAN Gigabit Ethernet, avec leurs implémentations optimisées, et en prenant pour courbe de référence le débit d'une *socket* C.

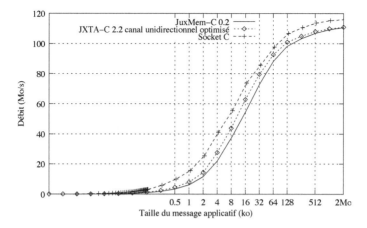

FIG. 5.9 – Débit de la couche de communication de JUXMEM-C 0.2 sur un réseau SAN Gigabit Ethernet, comparé au débit d'un canal unidirectionnel en version optimisée de JXTA-C 2.2 et à une *socket* C.

Nous avons constaté des latences non satisfaisantes lorsque nous avons évalué les protocoles de communication de JXTA dans leurs versions initiales sur les réseaux à hautes performances, notamment de type SAN. Nous avons donc cherché à en comprendre les causes et essayé d'adapter ces protocoles pour mieux exploiter les particularités de l'infrastructure physique. Les optimisations que nous avons réalisées ont permis d'améliorer de manière très significative la latence du service point-à-point et celle des canaux virtuels de JXTA-C 2.2. Il s'agit d'un premier pas qui a permis de rendre les performances des couches de communication acceptables, c'est-à-dire plus proches des performances habituelles constatées sur des réseaux SAN à hautes performances. Nos optimisations ont été partiellement intégrées dans JXTA-C 2.3, sur laquelle repose la version 0.3 de JUXMEM-C, la plus performante à ce jour. L'objectif a été d'approcher au plus près les performances des *sockets* BSD tout en gardant les fonctionnalités apportées par JXTA, et de permettre ainsi l'utilisation de JXTA pour le transfert des données au sein du service JUXMEM.

5.3   Discussion : une validation par intégration

Ce chapitre a donné un aperçu de l'approche que nous avons choisie pour la validation de notre proposition de service de partage de données pour grilles : il s'agit d'une approche *expérimentale*, orientée vers l'intégration du concept proposé dans le contexte d'autres contributions proches dans le domaine du calcul sur grille. Lors de la conception de la notion de service de partage de données, nous avons cherché à étendre, adapter et coupler des « briques » existantes (mécanismes de gestion de la cohérence, de la tolérance aux fautes, protocoles P2P) afin de proposer un système plus complexe, capable de satisfaire plus de contraintes. Ensuite, lors de la validation du système proposé, mais à un plus haut niveau, nous avons considéré que cette même démarche devait être faite en partant du concept que nous avons proposé, vu comme une nouvelle « brique » : nous avons alors cherché à comprendre comment cette « brique » plus complexe pouvait être couplée avec d'autres « briques » existantes, dont l'objectif est de s'imposer, afin d'atteindre un statut de standard de fait. Nous avons appliqué cette démarche à deux niveaux :

- au niveau de des modèles de programmation pour le calcul sur grille ;
- au niveau des technologies de stockage réparti.

Pour explorer les possibilités d'intégration de l'accès transparent aux données dans les modèles de programmation pour grille, nous avons donc choisi deux types de modèles de programmation représentatifs des efforts réalisés ces dernières années dans ce domaine.

Le modèle Grid-RPC. Ce modèle est illustré par des plates-formes telles que DIET [51], Ninf [100], NetSolve [31], OmniRPC [117] ou XtremWeb [49]. Nous avons détaillé dans ce chapitre la manière dont nous avons réalisé l'intégration de l'accès transparent aux données à travers le couplage de JUXMEM avec DIET. Les bénéfices apportés par cette intégration ont été confirmés par les expériences réalisées sur la plate-forme Grid'5000 [18].

Les modèles à base de composants. Issus d'une autre série d'efforts de simplification de la programmation des grilles, ces modèles font l'objet de l'initiative MDA (*Model Driven Architecture*) de l'OMG. Le modèle composant de CORBA (CCM [104]), le modèle Fractal [45] ou Common Component Architecture (CCA [30]) ont servi de base à la définition de modèles de programmation adaptés à la programmation des grilles. Ainsi, GridCCM [109] introduit la notion de composant parallèle distribué. Le *Grid Component Model* (GCM) représente également un effort d'intégration effectué au sein du Réseau d'excellence CoreGRID [141]. Ce modèle vise l'interopérabilité et intègre la possibilité de définir des composants hiérarchiques et adaptables en fonction des modifications de l'infrastructure physique. Dans ce contexte, nous avons étudié l'*intégration du modèle d'accès transparent aux données dans les modèles CCM et CCA*. Dans leurs versions initiales, ces modèles disposaient uniquement de ports permettant des transferts explicites de données point-à-point entre deux composants. Nous y avons introduit la notion de *port de données*, qui permet à chaque composant d'exporter des données et de les rendre accessibles de manière concurrente à d'autres composants. Ce travail réalisé au sein de l'équipe-projet PARIS, en collaboration avec Christian Pérez, ne sera pas détaillé dans ce manuscrit. Il est présenté dans [16, 17].

Au-delà de l'intégration du modèle d'accès transparent aux données dans les modèles de programmation pour grille, il nous a semblé utile d'aborder la question de l'intégration sous un angle plus pratique. Ainsi nous sommes-nous aussi interrogé sur la possibilité de construire des infrastructures avancées de stockage à grande échelle en combinant notre service de partage de données avec d'autres systèmes de stockage de données réparties, reposant sur d'autres technologies, et ayant des propriétés différentes.

JuxMem et Gfarm. En collaboration avec Osamu Tatebe (équipe Gfarm de l'AIST et de l'Université de Tsukuba), nous avons étudié l'utilisation conjointe d'un service de partage de données en mémoire avec un système de fichiers pour grille. Nous avons illustré notre approche en couplant notre prototype JUXMEM avec le système de fichiers Gfarm [125]. Nous avons démontré qu'une approche hiérarchique permettant à JUXMEM de « sauvegarder » les données partagées dans Gfarm permettait aux applications de bénéficier à la fois de l'efficacité des accès stockées en mémoire vive (grâce à JUXMEM) et d'une persistance améliorée (grâce à Gfarm). Ces travaux sont décrits dans [21].

JuxMem et ASSIST. Au sein du Réseau d'excellence CoreGRID [141], dans le cadre d'une collaboration avec Marco Aldinucci et Marco Danelutto (Université de Pise), nous avons également proposé un système de stockage hiérarchique basé sur le couplage des composants de stockage de l'environnement ASSIST développé à l'Université de Pise [1] (optimisés pour un partage efficace des données au sein d'une grappe) avec la plate-forme JUXMEM (orientée vers un partage des données au niveau de la grille). Cette proposition d'intégration est présentée et discutée dans [2]. Cette idée a été explorée par la suite dans le cadre d'un mémoire de master de recherche à l'Université de Pise.

JuxMem et Knowledge Grid. Également dans le cadre du réseau CoreGRID, mais dans une tout autre approche, nous avons utilisé JUXMEM pour le partage non plus des données, mais des *méta-données* dans un environnement de type *knowledge grid* – grille de connaissances – développé à l'Université de Calabre. Ce travail s'est effectué durant le stage post-doctoral de Sébastien Monnet à l'Université de Calabre. Nous ne le détaillerons pas ici, le lecteur intéressé pourra se référer à [19].

Chapitre 6

Conclusion et perspectives

6.1 Bilan

Ce manuscrit décrit les travaux de recherche que nous avons mené pendant ces six dernières années au sein de l'équipe-projet PARIS de l'INRIA et de l'IRISA. L'essentiel de ce travail a été effectué dans le cadre des trois thèses que j'ai eu la chance de co-encadrer durant cette période, auxquelles se rajoutent de nombreux stages de recherche qui y ont apporté leur contribution. L'ensemble de ces travaux représentent différents volets d'une thématique unique qui a délimité le périmètre de nos recherches, tout en lui assurant la cohérence : elle concerne le *partage transparent des données réparties à grande échelle.*

Le but ultime de ces recherches a été de s'approcher, autant que possible, de l'« idéal originel » des grilles : fournir aux applications un accès *transparent* à une grande quantité de ressources réparties, dont la localisation leur reste totalement inconnue ! Nous avons regardé cet objectif sous l'angle de la gestion des données et nous avons essayé de répondre à une question qui s'imposait à nous comme un défi : comment serait-il possible de construire un système qui propose un modèle transparent d'accès aux données, tout en tenant compte des contraintes spécifiques aux infrastructures physiques utilisées (architecture hiérarchique, distribution à grande échelle, volatilité, tolérance aux défaillances, etc.) ? Notre réponse se traduit par la proposition du concept de *service de partage de données* pour grilles, pour lequel nous avons défini une spécification, une architecture et une mise en oeuvre.

Une particularité de notre approche réside dans notre positionnement à la frontière de plusieurs domaines et dans les connexions que nous avons pu établir entre eux : systèmes à mémoire virtuellement partagée, systèmes pair-à-pair, systèmes tolérants aux fautes. Il nous a semblé évident que nous devions commencer par faire l'inventaire des solutions déjà existantes qui répondaient partiellement à notre défi, et par bien caractériser les points forts et les limites de ces solutions partielles. Notre approche a ensuite consisté à étendre, adapter et coupler ces solutions partielles et à rajouter les « briques » manquantes, afin de construire une solution globale, plus complexe, mais qui satisfasse l'ensemble des propriétés recherchées. C'est ainsi que le concept de service de partage de données est né comme une construction hybride qui marie les protocoles de cohérence des systèmes à mémoire virtuellement partagée avec les protocoles de découverte et de communication pair-à-pair... À cette composition s'ajoutent ensuite les protocoles de gestion de groupe tolérants aux fautes qui nous ont permis de proposer la notion de groupe hiérarchique auto-organisant, notion sur laquelle repose notre proposition d'approche pour la définition de protocoles de cohérence tolérants aux fautes, adaptés aux grilles.

Essayer de construire l'ensemble que nous venons de décrire, de le matérialiser par la proposition d'une architecture logicielle a bien évidemment posé un certain nombre de difficultés, dont certaines ont été formulées et discutées dans ce manuscrit. Peut-être l'une des plus significatives a été mise en évidence à chaque fois que nous avons utilisé ensemble des résultats issus de micro-communautés de recherche distinctes : travailler à la frontière de ces communautés peut s'avérer une approche fertile, mais cela nécessite un important effort d'assimilation de l'ensemble des héritages scientifiques de chacune de ces communautés ! C'est l'une des raisons pour lesquelles, nous avons attaché une importance particulière à la *validation expérimentale* de notre approche (un peu risquée...), à travers une mise en œuvre et une évaluation sur des plates-formes réelles et à travers une intégration concrète dans des environnements de calcul réparti sur grille, réels eux aussi ! Pour atteindre cet objectif, nous avons alors dû beaucoup investir dans la conception et la réalisation d'outils de déploiement adaptés qui ont facilité l'expérimentation de notre service (et des autres environnements dans lesquels il a été intégré) avec des configurations multisites sur la plate-forme Grid'5000. Nous n'avons pas détaillé ces efforts dans ce manuscrit, le lecteur intéressé par la problématique du déploiement pourra se référer à [14, 58].

Ainsi, d'un point de vue plus pratique, notre proposition d'architecture pour un service de partage de données pour grille (que nous avons appelée JUXMEM) a été illustrée par la réalisation de prototypes expérimentaux : nos deux implémentations JUXMEM-C et JUXMEM-J2SE représentent respectivement 13 500 et 16 700 lignes de code. Ces prototypes ont été déposés à l'APP et sont distribués sous licence LGPL, à l'adresse : http://juxmem.gforge.inria.fr/. L'un des points auxquels nous avons attaché une importance particulière a concerné l'évaluation de ces prototypes par des expériences multisites en grandeur nature, sur la plate-forme Grid'5000.

Même si vaincre les difficultés d'ordre technique liées à la réalisation de telles expérimentation pouvait déjà nous fournir quelques premières satisfactions, cela ne nous a pas semblé suffisant. Nous avons ensuite abordé la suite de l'étape de validation en considérant comme critère à évaluer la capacité de JUXMEM à s'intégrer avec les modèles actuels de programmation pour grille d'une part, et avec les technologies de stockage existantes d'autre part. Une validation par intégration, donc. Dans le chapitre précédent, nous avons discuté en détail l'intégration du modèle d'accès transparent au données de JUX-MEM dans le modèle Grid-RPC, la preuve de concept ayant été réalisée en couplant notre prototype JUXMEM-C avec l'environnement DIET. Ceci nous a permis d'en mesurer quelques premiers bénéfices. Nous avons poursuivi cette même approche en intégrant le partage transparent de données dans les modèles à base de composants CCM et CCA. Par ailleurs, au niveau technologique, nous avons également étudié le couplage de JUXMEM avec d'autres environnements de stockage, tels que Gfarm et ASSIST. Tous ces différents efforts d'intégration (au niveau conceptuel, mais aussi logiciel) ont permis de consolider et d'améliorer les propriétés du service (en termes de garanties offertes ou de performance) et de valider l'adéquation de notre réponse au défi posé. Naturellement, cette intégration a été le résultat d'un travail collaboratif, notamment avec des équipes françaises, telles que les équipes-projets REGAL et GRAAL de l'INRIA, mais aussi avec des équipes étrangères des universités de Pise et de Calabre en Italie, d'Illinois/Urbana-Champaign aux États-Unis et de Tsukuba au Japon. La mise en oeuvre et l'évaluation de prototypes fonctionnels au sein desquels JUXMEM est intégré avec des environnements logiciels réalisés par ces équipes a constitué pour nous une manière de valider la pertinence de nos choix.

Enfin, ce travail a été réalisé en étroite collaboration avec l'équipe JXTA de Sun Microsystems (Santa Clara, États-Unis). Suite à l'intérêt manifesté par cette compagnie pour le concept de service de partage de données pour grille basé sur des techniques P2P, nous avons établi un contrat de collaboration industrielle qui nous a permis de financer la thèse de Loïc Cudennec. L'objectif a été d'évaluer à grande échelle l'utilisation des protocoles P2P proposés par JXTA sur des plates-formes de type grille et de contribuer à l'amélioration du comportement de JXTA sur ces infrastructures. Après plusieurs études que nous avons publiées à ce sujet [28, 26, 27] et suite à plusieurs séjours de Mathieu Jan et de Loïc Cudennec (dont j'ai co-encadré les thèses) chez Sun Microsystems, nos propositions ont été partiellement intégrées dans la distribution officielle de JXTA et ont pu ainsi bénéficier à la communauté des utilisateurs de JXTA.

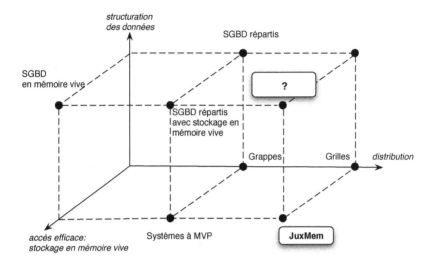

F<small>IG</small>. 6.1 – Comment fournir un accès transparent à grande échelle à des données structurées ?

6.2 Perspectives : vers un partage transparent de données structurées ?

L'ensemble des travaux que nous venons de décrire a été réalisé en ayant comme cible une classe particulière d'applications : les simulations numériques distribuées. Il s'agit donc d'applications issues du domaine du calcul parallèle à hautes performances, avec des contraintes particulières, notamment pour ce qui concerne l'efficacité des accès aux données. Cette cible a eu un impact significatif sur nos choix : par exemple, c'est bien cette classe d'applications qui avait été visée dans le passé par les systèmes à MVP, que nous avons considérés comme « briques de base » pour la construction de notre service de partage de données pour grilles.

Aujourd'hui, la pure performance des accès n'est clairement plus un critère de premier ordre : en témoigne le fort développement récent des applications réparties collaboratives ou à base de services, dans lesquelles d'autres critères sont mis en avant : l'interopérabilité, l'adaptabilité, la haute disponibilité. Un bon nombre de ces applications ont besoin d'infrastructures permettant de stocker d'énormes volumes de données *structurées*, réparties à grande échelle, et d'effectuer des accès à grain fin au sein de ces données. Cette structuration met en premier plan la nécessité d'une gestion adéquate des *méta-données* : c'est un point-clé, avec un impact potentiel considérable sur les propriétés des systèmes de stockage de données qui en dépendent, que ce soit en termes de disponibilité ou de performance. C'est vers cette direction que nous souhaitons orienter nos prochaines recherches. L'objectif sera de capitaliser les résultats acquis lors de nos recherches autour du concept de service de partage de données pour grille et d'explorer différentes voies permettant d'utiliser, d'étendre ou d'adapter ces résultats à un contexte applicatif différent : l'objectif n'est plus de satisfaire les contraintes des simulations numériques à hautes performances, mais plutôt de répondre aux besoins des applications manipulant des données structurées, plus complexes, typiquement stockées et accédées via des langages de bases de données.

La Figure 6.1 donne une illustration synthétique de l'évolution des systèmes de stockage. Nous avons choisi une représentation tridimensionnelle qui met en évidence une progression suivant trois axes : un axe de la distribution, depuis les architectures centralisées vers celles parallèles (grappes) et réparties (grilles) ; un axe lié à la performance des accès, depuis le stockage sur disque vers le stockage en mémoire vive ; et un troisième axe lié à la structuration des données gérées, depuis les données non structurées accédées de manière brute en lecture ou en écriture, vers des systèmes à base de requêtes plus expressives (utilisant, par exemple, des langages issues du domaine des bases de données). Nous retrouvons dans cet espace plusieurs types de systèmes de gestion de données : les systèmes à MVP, les SGBD centralisés, les SGBD avec stockage en mémoire vive (*in-memory databases*), les SGBD répartis, ou encore JUXMEM, qui peut être considéré comme l'équivalent d'un système à MVP à l'échelle d'une grille. L'une des limitations majeures de JUXMEM est, à notre avis, la non prise en compte de l'axe « structuration des données ».

Lors de nos études autour du concept de service de partage de données, nous nous sommes appuyés sur les résultats de plusieurs domaines : celui des systèmes à MVP, celui des systèmes P2P, et celui des systèmes tolérants aux fautes. Bien qu'il s'agisse de micro-communautés différentes, nous sommes restés dans le périmètre (plus grand) des systèmes répartis et nos recherches ont porté une coloration « grille ». La prochaine étape consistera sans doute à approfondir les connexions avec les résultats issus des recherches du domaine des bases de données. Nos échanges avec la communauté des chercheurs de ce domaine (ayant eu lieu notamment dans le cadre de l'École DRUIDE que j'ai organisée en 2004, ainsi que dans le cadre du projet RESPIRE de l'ANR durant ces trois dernières années, en collaboration avec Stéphane Gançarski et Patrick Valduriez) nous ont permis de constater l'existence de nombreuses problématiques communes autour de la *cohérence des données*. Ces problématiques ont traditionnellement été traitées selon des approches différentes par la communauté des systèmes répartis et par celle des bases de données. Au-delà des différences de terminologie, on peut clairement identifier des efforts parallèles et quelque peu redondants d'un côté, mais aussi des hypothèses et des contraintes foncièrement différentes par ailleurs, issues de besoins applicatifs différents.

La confrontation des résultats des ces deux domaines dans le contexte des applications collaboratives exploitant de grands volumes de données réparties à très grande échelle sur une infrastructure dynamique est, à notre avis, une source fertile et particulièrement prometteuse. À titre d'exemple, il sera nécessaire de revisiter les notions de modèle de cohérence et de protocole de cohérence afin d'intégrer l'important héritage laissé par le domaine des bases de données réparties, dont le développement a été parallèle à celui des systèmes à MVP. Il faudra également explorer l'impact d'une éventuelle assimilation de ces résultats sur le concept de service de partage de données tel que nous l'avons défini (de manière plus restrictive, sans doute) dans le contexte des grilles à haute performance.

Nous pensons que l'investigation de cet « espace » situé entre les systèmes répartis et les bases de données n'a pas encore mobilisé suffisamment d'efforts, et d'autant moins dans le contexte assez récents des infrastructures réparties à très grande échelle. Nous ne faisons bien évidemment pas semblant d'ignorer les contributions apportées par la communauté des chercheurs du domaine des bases de données réparties sur des grappes (*cluster databases*), ni des quelques essais de passer à l'échelle en construisant des bases de données sur des grappes de grande taille – parfois appelées *grilles* par abus de langage (citons par exemple Oracle-10g). Les défis restent entiers lorsqu'il s'agit de penser un système de stockage pour une infrastructure géographiquement répartie à très grande échelle où les caractéristiques de l'infrastructure physique sont plus proches de celles des grilles multisites que de celles des grappes de très grande taille. L'émergence des infrastructures dédiées au *cloud computing*, permettant aux utilisateurs d'externaliser le stockage de leurs données, avec des possibilités de configuration à distance des ressources selon les besoins exprimés, ne fera que mettre en évidence encore davantage ces défis. Nous pensons donc que l'objectif de l'accès transparent à des données *structurées* dans ce contexte reste d'actualité : le poursuivre contribuera sans doute au développement de ces applications collaboratives réparties et à leur acceptation par les utilisateurs. Cela d'autant plus si les solutions qui seront proposées réussiront à « cacher » les détails ennuyeux du stockage physique (tout en les traitant de manière « intelligente » !), fût-ce sur des grilles ou sur des *clouds*...

Bibliographie

[1] ALDINUCCI, M., CAMPA, S., COPPOLA, M., DANELUTTO, M., LAFORENZA, D., PUPPIN, D., SCARPONI, L., VANNESCHI, M., AND ZOCCOLO, C. Components for high performance grid programming in the Grid.it project. In *Proceedings of the Workshop on Component Models and Systems for Grid Applications* (Saint-Malo, France, June 2004), Held in conjunction with the 2004 ACM International Conference on Supercomputing (ICS '04).

[2] ALDINUCCI, M., DANELUTTO, M., ANTONIU, G., AND JAN, M. Fault-tolerant data sharing for high-level grid programming : a hierarchical storage achitecture. In *Proc. CoreGRID Integration Workshop* (Krakow, Poland, October 2006), pp. 177–188.

[3] ALLCOCK, B., BESTER, J., BRESNAHAN, J., CHERVENAK, A. L., KESSELMAN, C., MEDER, S., NEFEDOVA, V., QUESNEL, D., TUECKE, S., AND FOSTER, I. Secure, efficient data transport and replica management for high-performance data-intensive computing. In *Proceedings of the 18th IEEE Symposium on Mass Storage Systems (MSS 2001), Large Scale Storage in the Web* (Washington, DC, USA, 2001), IEEE Computer Society, p. 13.

[4] ALMOUSA ALMAKSOUR, A., ANTONIU, G., BOUGÉ, L., CUDENNEC, L., AND GANÇARSKI, S. Building a DBMS on top of the JuxMem grid data-sharing service. In *Proc. HiPerGRID Workshop* (Brasov, Romania, 15-15 September 2007). Held in conjunction with Parallel Architectures and Compilation Techniques 2007 (PACT2007).

[5] AMESTOY, P. R., DUFF, I. S., L'EXCELLENT, J.-Y., AND KOSTER, J. A fully asynchronous multifrontal solver using distributed dynamic scheduling. *SIAM Journal on Matrix Analysis and Applications 23*, 1 (2001), 15–41.

[6] AMESTOY, P. R., GUERMOUCHE, A., L'EXCELLENT, J.-Y., AND PRALET, S. Hybrid scheduling for the parallel solution of linear systems. *Parallel Computing 32*, 2 (2006), 136–156.

[7] AMZA, C., COX, A. L., DWARKADAS, S., KELEHER, P., LU, H., RAJAMONY, R., YU, W., AND ZWAENEPOEL, W. Treadmarks : Shared memory computing on networks of workstations. *IEEE Computer 29*, 2 (Feb. 1996), 18–28.

[8] ANTONIU, G. *DSM-PM2 : une plate-forme portable pour l'implémentation de protocoles de cohérence multithreads pour systèmes à mémoire virtuellement partagée.* PhD thesis, École Normale Supérieure de Lyon, Nov. 2001.

[9] ANTONIU, G., BERTIER, M., CARON, E., DESPREZ, F., BOUGÉ, L., JAN, M., MONNET, S., AND SENS, P. *Future Generation Grids.* CoreGRID series. Springer Verlag, 2006, ch. GDS : An Architecture Proposal for a grid Data-Sharing Service, pp. 133–152.

[10] ANTONIU, G., BOUGÉ, L., AND JAN, M. Juxmem : An adpative supportive platform for data sharing on the grid. In *Proc. ACM Workshop on Adaptive Grid Middleware (AGridM 2003)* (New Orleans, Louisiana, September 2003), Held in conjunction with PACT 2003, pp. 49–59.

[11] ANTONIU, G., BOUGÉ, L., AND JAN, M. La plate-forme juxmem : support pour un service de partage de données sur la grille. In *Actes des Rencontres francophones du parallélisme (RenPar 15)* (La Colle-sur-Loup, October 2003), pp. 145–152.

[12] ANTONIU, G., BOUGÉ, L., AND JAN, M. Peer-to-peer distributed shared memory ? In *Proc. IEEE/ACM 12th Intl. Conf. on Parallel Architectures and Compilation Techniques (PACT 2003), Work in Progress Session* (New Orleans, Louisiana, September 2003), pp. 1–6.

[13] ANTONIU, G., BOUGÉ, L., AND JAN, M. JuxMem : An adaptive supportive platform for data sharing on the grid. *Scalable Computing : Practice and Experience 6*, 3 (September 2005), 45–55.

[14] ANTONIU, G., BOUGÉ, L., JAN, M., AND MONNET, S. Large-scale deployment in P2P experiments using the jxta distributed framework. In *Euro-Par 2004 : Parallel Processing* (Pisa, Italy, August 2004), no. 3149 in Lect. Notes in Comp. Science, Springer-Verlag, pp. 1038–1047.

[15] ANTONIU, G., BOUGÉ, L., AND LACOUR, S. Making a DSM consistency protocol hierarchy-aware : an efficient synchronization scheme. In *Proc. Workshop on Distributed Shared Memory on Clusters (DSM 2003)* (Tokyo, May 2003), Held in conjunction with the 3rd IEEE/ACM International Symposium on Cluster Computing and the Grid (CCGRID 2003), IEEE TFCC, pp. 516–523.

[16] ANTONIU, G., BOUZIANE, H., BREUIL, L., JAN, M., AND PÉREZ, C. Enabling transparent data sharing in component models. In *6th IEEE International Symposium on Cluster Computing and the Grid (CCGRID)* (Singapore, May 2006), pp. 430–433.

[17] ANTONIU, G., BOUZIANE, H., JAN, M., PÉREZ, C., AND PRIOL, T. Combining data sharing with the master-worker paradigm in the Common Component Architecture. *Cluster Computing 10*, 3 (2007), 265 – 276.

[18] ANTONIU, G., CARON, E., DESPREZ, F., FÈVRE, A., AND JAN, M. Towards a transparent data access model for the gridrpc paradigm. In *Proc. of the 13th Internationl Conference on High Performance Computing (HiPC 2007)* (Goa, India, December 2007), vol. 4873 of *Lect. Notes in Comp. Science*, Springer-Verlag, pp. 269–284.

[19] ANTONIU, G., CONGIUSTA, A., MONNET, S., TALIA, D., AND TRUNFIO, P. *Grid Middleware and Service Challenges and Solutions*. CoreGRID series. Springer Verlag, 2008, ch. Peer-to-Peer Metadata Management for Knowledge Discovery Applications in Grids, pp. 219–233.

[20] ANTONIU, G., CUDENNEC, L., DUIGOU, M., AND JAN, M. Performance scalability of the jxta P2P framework. In *Proc. 21st IEEE International Parallel & Distributed Processing Symposium (IPDPS 2007)* (Long Beach, CA, USA, March 2007), p. 108.

[21] ANTONIU, G., CUDENNEC, L., GHAREEB, M., AND TATEBE, O. Building hierarchical grid storage using the GFarm global file system and the JuxMem grid data-sharing service. In *Euro-Par 2008 : Parallel Processing* (Las Palmas, Spain, Aug. 2008), Lect. Notes in Comp. Science, Springer-Verlag. To appear.

[22] ANTONIU, G., CUDENNEC, L., AND MONNET, S. Extending the entry consistency model to enable efficient visualization for code-coupling grid applications. In *6th IEEE/ACM International Symposium on Cluster Computing and the Grid* (Singapore, May 2006), CCGrid 2006, pp. 552–555.

[23] ANTONIU, G., CUDENNEC, L., AND MONNET, S. A practical evaluation of a data consistency protocol for efficient visualization in grid applications. In *International Workshop on High-Performance Data Management in Grid Environment (HPDGrid 2006)* (Rio de Janeiro, Brazil, July 2006), vol. 4395 of *Lecture Notes in Computer Science*, Held in conjunction with VEC-PAR'06, Springer Verlag, pp. 692–706. Selected for publication in the post-conference book.

[24] ANTONIU, G., DEVERGE, J.-F., AND MONNET, S. Building fault-tolerant consistency protocols for an adaptive grid data-sharing service. In *Proc. ACM Workshop on Adaptive Grid Middleware (AGridM 2004)* (Antibes Juan-les-Pins, France, September 2004). Available as INRIA Research Report RR-5309.

[25] ANTONIU, G., DEVERGE, J.-F., AND MONNET, S. How to bring together fault tolerance and data consistency to enable grid data sharing. *Concurrency and Computation : Practice and Experience 18*, 13 (November 2006), 1705–1723.

[26] ANTONIU, G., HATCHER, P., JAN, M., AND NOBLET, D. A. Performance evaluation of jxta communication layers. In *Proc. Workshop on Global and Peer-to-Peer Computing (GP2PC 2005)* (Cardiff, UK, May 2005), Held in conjunction with the 5th IEEE/ACM Int. Symp. on Cluster Computing and the Grid (CCGRID 2005), IEEE TFCC, pp. 251–258.

[27] ANTONIU, G., JAN, M., AND NOBLET, D. A practical example of convergence of P2P and grid computing : an evaluation of JXTA's communication performance on grid networking infrastructures. In *Proc. 3rd Int. Workshop on Java for Parallel and Distributed Computing (JavaPDC '08)* (Miami, April 2008), Held in conjunction with IPDPS 2008, p. 104.

[28] ANTONIU, G., JAN, M., AND NOBLET, D. A. Enabling the P2P jxta platform for high-performance networking grid infrastructures. In *Proc. of the first Intl. Conf. on High Performance Computing and Communications (HPCC '05)* (Sorrento, Italy, September 2005), no. 3726 in Lect. Notes in Comp. Science, Springer-Verlag, pp. 429–439.

[29] ARANTES, L. B., SENS, P., AND FOLLIOT, B. An Effective Logical Cache for a Clustered LRC-Based DSM System. *Cluster Computing Journal 5*, 1 (Jan. 2002), 19–31.

[30] ARMSTRONG, R., GANNON, D., GEIST, A., KEAHEY, K., KOHN, S. R., MCINNES, L. C., PARKER, S. R., AND SMOLINSKI, B. A. Toward a Common Component Architecture for High-Performance Scientific Computing. In *Proceedings of the 8th IEEE International Symposium on High Performance Distributed Computation (HPDC 8)* (Redondo Beach, CA, USA, Aug. 1999), IEEE Computer Society, p. 13.

[31] ARNOLD, D. C., AGRAWAL, S., BLACKFORD, S., DONGARRA, J., MILLER, M., SAGI, K., SHI, Z., AND VADHIYAR, S. Users' Guide to NetSolve V1.4. Technical Report CS-01-467, University of Tennessee, Computer Science Dept. Knoxville, TN, USA, July 2001.

[32] ARNOLD, D. C., VAH, S. S., AND DONGARRA, J. On the Convergence of Computational and Data Grids. *Parallel Processing Letters 11*, 2-3 (June 2001), 187–202.

[33] BARU, C., MOORE, R., RAJASEKAR, A., AND WAN, M. The SDSC Storage Resource Broker. In *Proceedings of 16th Annual International Conference on Computer Science and Software Engineering (CASCON'98)* (Toronto, Canada, Oct. 1998), ACM Press.

[34] BASSI, A., BECK, M., FAGG, G., MOORE, T., PLANK, J., SWANY, M., AND WOLSKI, R. The Internet Backplane Protocol : A Study in Resource Sharing. *Future Generation Computer Systems 19*, 4 (2003), 551–562.

[35] BASSI, A., BECK, M., MOORE, T., AND PLANK, J. S. The Logistical Backbone : Scalable Infrastructure for Global Data Grids. In *Proceedings of the 7th Asian Computing Science Conference (ASIAN 2002)* (Hanoi, Vietnam, 2002), vol. 2550 of *Lecture Notes in Computer Science*, Springer, pp. 1–12.

[36] BASSI, A., BECK, M., PLANK, J. S., AND WOLSKI, R. Internet Backplane Protocol : API 1.0. Tech. Rep. UT-CS-01-455, University of Tennessee, Computer Science Department, Knoxville, TN, USA, Mar. 2001.

[37] BECK, M., DING, Y., FUENTES, E., AND KANCHERLA, S. An Exposed Approach to Reliable Multicast in Heterogeneous Logistical Networks. In *Workshop on Grid and Advanced Networks (GAN '03)* (Tokyo, Japan, 2003), Held in conjunction with the 5th IEEE/ACM International Symposium on Cluster Computing and the Grid (CCGRID '05), IEEE Computer Society, p. 526.

[38] BECK, M., DING, Y., MOORE, T., AND PLANK, J. S. Transnet Architecture and Logistical Networking for Distributed Storage. In *Workshop on Scalable File Systems and Storage Techno-*

logies (SFSST) (San Francisco, CA, USA, September 2004), Held in conjunction with the 17th International Conference on Parallel and Distributed Computing Systems (PDCS-2004).

[39] BECK, M., MOORE, T., AND PLANK, J. S. An end-to-end approach to globally scalable network storage. In *Proceedings of the 2002 Conference on applications, technologies, architectures, and protocols for computer communications (SIGCOMM '02)* (New York, NY, USA, 2002), ACM Press, pp. 339–346.

[40] BECK, M., MOORE, T., PLANK, J. S., AND SWANY, M. Logistical Networking : Sharing More Than the Wires. In *Proceedings of 2nd Annual Workshop on Active Middleware Services* (Aug. 2000), vol. 583 of *The Kluwer International Series in Engineering and Computer Science*, Kluwer Academic Publishers.

[41] BENT, J., VENKATARAMANI, V., LEROY, N., ROY, A., STANLEY, J., ARPACI-DUSSEAU, A., ARPACI-DUSSEAU, R., AND LIVNY, M. Flexibility, Manageability, and Performance in a Grid Storage Appliance. In *Proceedings of the 11th IEEE Symposium on High Performance Distributed Computing (HPDC 11)* (Edinburgh, Scotland, UK, July 2002), IEEE Computer Society, pp. 3–12.

[42] BERSHAD, B. N., ZEKAUSKAS, M. J., AND SAWDON, W. A. The Midway Distributed Shared Memory System. In *Proceedings of the 38th IEEE International Computer Conference (COMP-CON)* (Los Alamitos, CA, USA, Feb. 1993), pp. 528–537.

[43] BERTIER, M. *Service de détection de défaillances hiérarchique.* Thèse de doctorat, Université de Paris 6, LIP6, Paris, France, 2004.

[44] BESTER, J., FOSTER, I., KESSELMAN, C., TEDESCO, J., AND TUECKE, S. GASS : A Data Movement and Access Service for Wide Area Computing Systems. In *Proceedings of the 6th workshop on I/O in parallel and distributed systems (IOPADS '99)* (Atlanta, GA, USA, 1999), ACM Press, pp. 78–88.

[45] BRUNETON, E., COUPAYE, T., AND STEFANI, J.-B. The Fractal Component Model version 2.0-3. Tech. rep., ObjectWeb Consortium, Feb. 2004.

[46] BUSCA, J.-M., PICCONI, F., AND SENS, P. Pastis : A Highly-Scalable Multi-user Peer-to-Peer File System. In *Proceedings of the 11th International Euro-Par Conference (Euro-Par 2005)* (Lisbon, Portugal, Aug. 2005), vol. 3648 of *Lecture Notes in Computer Science*, Springer, pp. 1173–1182.

[47] BÄRRING, O., COUTURIER, B., DURAND, J.-D., KNEZO, E., PONCE, S., AND MOTYAKOV, V. Storage Resource Sharing with CASTOR. In *Proceedings of the 21nd IEEE/12th NASA Goddard Conference on Mass Storage Systems and Technologies (MSST '04)* (Adelphi, MA, USA, Apr. 2004), pp. 345–360.

[48] CAPPELLO, F., CARON, E., DAYDE, M., DESPREZ, F., JEANNOT, E., JEGOU, Y., LANTERI, S., LEDUC, J., MELAB, N., MORNET, G., NAMYST, R., PRIMET, P., AND RICHARD, O. Grid'5000 : A Large Scale, Reconfigurable, Controlable and Monitorable Grid Platform. In *Proceedings of the 6th IEEE/ACM International Workshop on Grid Computing (Grid '05)* (Seattle, Washington, USA, Nov. 2005), pp. 99–106.

[49] CAPPELLO, F., DJILALI, S., FEDAK, G., HÉRAULT, T., MAGNIETTE, F., NÉRI, V., AND LO-DYGENSKY, O. Computing on Large Scale Distributed Systems : XtremWeb Architecture, Programming Models, Security, Tests and Convergence with Grid. *Future Generation Computer Science (FGCS) 21*, 3 (Mar. 2005), 417–437.

[50] CARON, E., CHOUHAN, P. K., AND DAIL, H. GoDIET : A Deployment Tool for Distributed Middleware on Grid'5000. In *Workshop on Experimental Grid Testbeds for the Assessment of Large-Scale Distributed Applications and Tools (EXPGRID)* (Paris, France, June 2006), In conjunction with 15th IEEE International Symposium on High Performance Distributed Computing (HPDC 15), IEEE Compuer Society, pp. 1–8.

[51] CARON, E., AND DESPREZ, F. DIET : A Scalable Toolbox to Build Network Enabled Servers on the Grid. *International Journal of High Performance Computing Applications 20*, 3 (2006), 335–352.

[52] CARTER, J. B. Design of the Munin Distributed Shared Memory System. *Journal of Parallel and Distributed Computing 29* (Sept. 1995), 219–227. Special issue on Distributed Shared Memory.

[53] CHANDRA, T. D., AND TOUEG, S. Unreliable failure detectors for reliable distributed systems. *Journal of the ACM 43*, 2 (Mar. 1996), 225–267.

[54] CHIANG, S. T., LEE, J. S., AND YASUDA, H. Data Link Switching Client Access Protocol. IETF Request For Comment 2114, Network Working Group, 1997.

[55] CHOCKLER, G. V., KEIDAR, I., AND VITENBERG, R. Group communication specifications : a comprehensive study. *ACM Computing Surveys 33*, 4 (Dec. 2001), 427–469.

[56] CHUN, B., CULLER, D., ROSCOE, T., BAVIER, A., PETERSON, L., WAWRZONIAK, M., AND BOWMAN, M. PlanetLab : An Overlay Testbed for Broad-Coverage Services. *ACM SIGCOMM Computer Communication Review 33*, 3 (July 2003), 3–12.

[57] COHEN, B. Incentives build robustness in bittorrent. In *Proceedings of the 1st Workshop on Economics of Peer-to-Peer Systems* (Berkeley, CA, USA, June 2003).

[58] CUDENNEC, L., ANTONIU, G., AND BOUGÉ, L. Cordage : towards transparent management of interactions between applications and ressources. In *International Workshop on Scalable Tools for High-End Computing (STHEC 2008)* (Kos, Greece, 2008), pp. 13–24.

[59] DABEK, F., KAASHOEK, F., KARGER, D., MORRIS, R., AND STOICA, I. Wide-area cooperative storage with CFS. In *Proceedings of the 18th ACM Symposium on Operating Systems Principles (SOSP '01)* (Chateau Lake Louise, Banff, Alberta, Canada, Oct. 2001), pp. 202–215.

[60] DABEK, F., ZHAO, B., DRUSCHEL, P., AND STOICA, I. Towards a Common API for Structured Peer-to-Peer Overlays. In *Proceedings of the 2nd International Workshop on Peer-to-Peer Systems (IPTPS '03)* (Berkeley, CA, USA, Feb. 2003), no. 2735 in Lecture Notes in Computer Science, Springer, pp. 33–44.

[61] DAYDÉ, M., GIRAUD, L., HERNANDEZ, M., L'EXCELLENT, J.-Y., PUGLISI, C., AND PANTEL, M. An Overview of the GRID-TLSE Project. In *Poster Session of 6th International Conference High Performance Computing for Computational Science (VECPAR '04)* (Valencia, Spain, June 2004), vol. 3402 of *Lecture Notes in Computer Science*, Springer.

[62] DEFANTI, T. A., FOSTER, I., PAPKA, M. E., STEVENS, R., AND KUHFUSS, T. Overview of the I-WAY : Wide Area Visual Supercomputing. *The International Journal of Supercomputer Applications and High Performance Computing 10*, 2 (1996), 123–131.

[63] DOMENICI, A., DONNO, F., PUCCIANI, G., AND STOCKINGER, H. Relaxed Data Consistency with CONStanza. In *Proceedings of the 6th IEEE International Symposium on Cluster Computing and the Grid (CCGrid '06)* (Singapore, May 2006), IEEE Computer Society, pp. 425–429.

[64] DONNO, F., GHISELLI, A., MAGNONI, L., AND ZAPPI, R. StoRM : grid middleware for disk resource management. In *Proceedings of the 2004 Conference on Computing in High Energy and Nuclear Physics (CHEP '04)* (Interlaken, Switzerland, Sept. 2004), Science Press.

[65] DÜLLMANN, D., HOSCHEK, W., JAÉN-MARTÍNEZ, F. J., SEGAL, B., STOCKINGER, H., STOCKINGER, K., AND SAMAR, A. Models for Replica Synchronisation and Consistency in a Data Grid. In *Proceedings of the 10th IEEE International Symposium on High Performance Distributed Computing (HPDC 10)* (San Francisco, CA, USA, Aug. 2001), IEEE Computer Society, pp. 67–75.

[66] DUNNO, F., GAIDO, L., GISHELLI, A., PRELZ, F., AND SGARAVATOO, M. DataGrid Prototype 1. EU-DataGrid Collaboration. In *Proceedings of the TERENA Networking Conference* (Limerick, Ireland, June 2002).

[67] EARL, A., AND CLARK, P. Mass Storage Management and the Grid. In *Proceedings of the 2004 Conference on Computing in High Energy and Nuclear Physics (CHEP '04)* (Interlaken, Switzerland, Sept. 2004), Science Press.

[68] ESNARD, A. *Analyse, conception et réalisation d'un environnement pour le pilotage et la visualisation en ligne de simulations numériques parallèles.* Thèse de doctorat, Université de Bordeaux 1, LaBRI, Bordeaux, France, décembre 2005.

[69] FOSTER, I., AND KESSELMAN, C. Globus : A Metacomputing Infrastructure Toolkit. *The International Journal of Supercomputer Applications and High PerPformance Computing 11*, 2 (Summer 1997), 115–128.

[70] FOSTER, I., AND KESSELMAN, C., Eds. *The Grid : Blueprint for a New Computing Infrastructure.* Morgan-Kaufmann, 1999.

[71] GRIMSHAW, A. S., WULF, W. A., AND THE LEGION TEAM. The Legion vision of a worldwide virtual computer. *Communications of the ACM 40*, 1 (Jan. 1997), 39–45.

[72] HESS, B. K., HADDOX-SCHATZ, M., AND KOWALSKI, M. A. The Design and Evolution of Jefferson Lab's Jasmine Mass Storage System. In *Proceedings of the 22nd IEEE/13th NASA Goddard Conference on Mass Storage Systems and Technologies (MSST '05) Information Retrieval from Very Large Storage Systems* (Monterey, CA, USA, Apr. 2005), IEEE Computer Society, pp. 94–105.

[73] HILDEBRAND, D., AND HONEYMAN, P. Exporting Storage Systems in Scalable Manner with pNFS. In *Proceedings of the 22nd IEEE/13th NASA Goddard Conference on Mass Storage Systems and Technologies (MSST '05) Information Retrieval from Very Large Storage Systems* (Monterey, CA, USA, Apr. 2005), IEEE Computer Society, pp. 18–27.

[74] HODGES, J., AND MORGAN, R. Lightweight Directory Access Protocol (v3) : Technical Specification. IETF Request For Comment 3377, Network Working Group, 2002.

[75] HONEYMAN, P., ADAMSON, W. A., AND MCKEE, S. GridNFS : global storage for global collaborations. In *Proceedings of the IEEE International Symposium Global Data Interoperability - Challenges and Technologies* (Sardinia, Italy, June 2005), IEEE Computer Society, pp. 111–115.

[76] HOSCHEK, W., JEAN-MARTINEZ, J., SAMAR, A., STOCKINGER, H., AND STOCKINGER, K. Data Management in an International Data Grid Project. In *Proceedings of the 1st IEEE/ACM International Workshop on Grid Computing (Grid '00)* (Bangalore, India, Dec. 2000), vol. 1971 of *Lecture Notes in Computer Science*, Springer, pp. 77–90. Distinguished Paper Award.

[77] HUTTO, P., AND AHAMAD, M. Slow memory : Weakening consistency to enhance concurrency in distributed shared memories. In *Proceedings of the 10th International Conference on Distributed Computing Systems (ICDCS '90)*, pp. 302–311.

[78] IFTODE, L., SINGH, J. P., AND LI, K. Scope Consistency : A Bridge between Release Consistency and Entry Consistency. *Theory Computing Systems 31*, 4 (1998), 451–473. Special Issue : ACM Symposium on Parallel Algorithms and Architectures (SPAA 1996).

[79] JAN, M. *JuxMem : un service de partage transparent de données pour grilles de calculs fondé sur une approche pair-à-pair.* Thèse de doctorat, Université de Rennes 1, IRISA, Rennes, France, Nov. 2006.

[80] KAASHOEK, F., AND KARGER, D. R. Koorde : A Simple Degree-optimal Hash Table. In *Proceedings of the 2nd International Workshop on Peer-to-Peer Systems (IPTPS '03)* (Berkeley, CA, USA, Feb. 2003), vol. 2735 of *Lecture Notes in Computer Science*, Springer, pp. 98–107.

[81] KOLA, G., KOSAR, T., AND LIVNY, M. Profiling Grid Data Transfer Protocols and Servers. In *Proceedings of the 10th International Euro-Par Conference (Euro-Par 2004)* (Pisa, Italy, Aug. 2004), no. 3149 in Lecture Notes in Computer Science, Springer, pp. 452–4593.

[82] KOLA, G., AND LIVNY, M. Diskrouter : A Flexible Infrastructure for High Performance Large Scale Data Transfers. Tech. Rep. CS-TR-2003-1484, University of Wisconsin-Madison Computer Science Department, Madison, WI, USA, 2003.

[83] KOSAR, T., AND LIVNY, M. Stork : Making Data Placement a First Class Citizen in the Grid. In *Proceedings of the 24th International Conference on Distributed Computing Systems (ICDCS '04)* (Tokyo, Japan, Mar. 2004), IEEE Computer Society, pp. 342–349.

[84] KUBIATOWICZ, J., BINDEL, D., CHEN, Y., EATON, P., GEELS, D., GUMMADI, R., RHEA, S., WEATHERSPOON, H., WEIMER, W., WELLS, C., AND ZHAO, B. OceanStore : An architecture for global-scale persistent storage. In *Proceedings of the 9th International Conference on Architecture Support for Programming Languages and Operating Systems (ASPLOS 2000)* (Cambridge, MA, USA, Nov. 2000), vol. 2218 of *Lecture Notes in Computer Science*, Springer, pp. 190–201.

[85] KUNSZT, P. Z., LAURE, E., STOCKINGER, H., AND STOCKINGER, K. File-based replica management. *Future Generation Computing Systems 21*, 1 (2005), 115–123.

[86] LACOUR, S., PÉREZ, C., AND PRIOL, T. Generic application description model : Toward automatic deployment of applications on computational grids. In *Proc. of the 6th IEEE/ACM Intl. Workshop on Grid Computing (Grid 2005)* (Seattle, WA, USA, November 2005), Springer, pp. 4–8.

[87] LAMPORT, L. Time, clocks, and the ordering of events in a distributed system. *Commun. ACM 21*, 7 (1978), 558–565.

[88] LAMPORT, L. How to Make a Multiprocessor Computer that Correctly Executes Multiprocess Programs. *IEEE Transactions on Computers C-28*, 9 (Sept. 1979), 690–691.

[89] LAPRIE, J.-C. Dependable computing and fault tolerance : concepts and terminology. In *Proceedings of the 15th International Symposium on Fault-Tolerant Computing (FTCS '85)* (Ann Arbor, MI, June 1985), pp. 2–11.

[90] LI, K. *Shared virtual memory on loosely coupled multiprocessors*. Phd thesis, Yale University, 1986.

[91] LI, K., AND HUDAK, P. Memory coherence in shared virtual memory systems. *ACM Transactions on Computer Systems 7*, 4 (Nov. 1989), 321–359.

[92] MENA, S., SCHIPER, A., AND WOJCIECHOWSKI, P. A step towards a new generation of group communication systems. In *Proceedings of the 4th International Middleware Conference (Middleware '03)* (Rio de Janeiro, Brazil, June 2003), vol. 2672 of *Lecture Notes in Computer Science*, Springer, pp. 414–432.

[93] MILLER, N., LATHAM, R., ROSS, R. B., AND CARNS, P. Improving Cluster Performance with PVFS2. *ClusterWorld Magazine 2*, 4 (Apr. 2004).

[94] MILOJICIC, D. S., KALOGERAKI, V., LUKOSE, R., NAGARAJA, K., PRUYNE, J., RICHARD, B., ROLLINS, S., AND XU, Z. Peer-to-Peer Computing. Tech. Rep. HPL-2002-57, HP Labs, Mar. 2002.

[95] MIRTCHOVSKI, A., SIMMONDS, R., AND MINNICH, R. Plan 9 - an integrated approach to grid computing. In *Workshop on High-Performance Grid Computing* (Santa Fe, New Mexico, USA, Apr. 2004), Held in conjunction with the 18th International Parallel and Distributed Processing Symposium (IPDPS '04), p. 273a.

[96] MONNET, S. *Gestion des données dans les grilles de calcul : support pour la tolérance aux fautes et la cohérence des données*. Thèse de doctorat, Université de Rennes 1, IRISA, Rennes, France, novembre 2006.

[97] MONNET, S., MORALES, R., ANTONIU, G., AND GUPTA, I. MOve : Design of an application-malleable overlay. In *Symposium on Reliable Distributed Systems 2006 (SRDS 2006)* (Leeds, UK, October 2006), IEEE Computer Society, pp. 355–364.

[98] MORALES, R., MONNET, S., GUPTA, I., AND ANTONIU, G. Move :design and evaluation of a malleable overlay for group-based applications. *IEEE Transactions on Network and Service Management, Special Issue on Self-Management 4*, 2 (2007), 107–116.

[99] MUTHITACHAROEN, A., MORRIS, R., GIL, T. M., AND CHEN, B. Ivy : A Read/Write Peer-to-peer File System. In *Proceedings of the 5th Symposium on Operating Systems Design and Implementation (OSDI '02)* (Boston, MA, Dec. 2002).

[100] NAKADA, H., SATO, M., AND SEKIGUCHI, S. Design and Implementations of Ninf : towards a Global Computing Infrastructure. *Future Generation Computing Systems 15*, 5-6 (1999), 649–658. Special issue on metacomputing.

[101] NAKADA, H., TANAKA, Y., SEYMOUR, K., DESPREZ, F., AND LEE, C. The End-User and Middleware APIs for GridRPC. In *Proceedings of the Workshop on Grid Application Programming Interfaces (GAPI '04)* (Brussels, Belgium, Sept. 2004), In conjunction with Global Grid Forum 12 (GGF).

[102] NICOLAE, B., ANTONIU, G., AND BOUGÉ, L. A practical evaluation of a data consistency protocol for efficient visualization in grid applications. In *International Workshop on High-Performance Data Management in Grid Environment (HPDGrid 2008)* (Toulouse, June 2008). Held in conjunction with VECPAR'08. Electronic proceedings.

[103] NIEDERBERGER, R. DEISA : Motivations, Strategies, Technologies. In *Proceedings of the International Supercomputer Conference (ISC '04)* (Heidelberg, Germany, June 2004).

[104] OMG. CORBA Components, Version 3. Document formal/02-06-65, OMG, June 2002.

[105] ORAM, A. *Peer-to-Peer : Harnessing the Power of Disruptive Technologies*. O'Reilly, May 2001, ch. Gnutella, pp. 94–122.

[106] PAPE, C. L. *Contrôle de Qualité des Données Répliquées dans un Cluster*. Thèse de doctorat, Université Pierre et Marie Curie, LIP6, Paris, France, Dec. 2005.

[107] PENNINGTON, R. Terascale Clusters and the TeraGrid. In *Proceedings of 6th International Conference/Exhibition on High Performance Computing in Asia Pacific Region* (Bangalore, India, Dec. 2002), pp. 407–413. Invited talk.

[108] PERELMUTOV, T., BAKKEN, J., AND PETRAVICK, D. Storage Resource Manager. In *Proceedings of the 2004 Conference on Computing in High Energy and Nuclear Physics (CHEP '04)* (Interlaken, Switzerland, Sept. 2004), Science Press.

[109] PÉREZ, C. *Contribution à la définition et la mise en oeuvre d'un modèle de programmation à base de composants logiciels pour la programmation des grilles informatiques*. Habilitation à diriger des recherches, Université de Rennes 1, 2006.

[110] PLANK, J., BECK, M., ELWASIF, W., MOORE, T., SWANY, M., AND WOLSKI, R. The Internet Backplane Protocol : Storage in the network. In *Network Storage Symposium (NetStore '99)* (Seattle, WA, Oct. 1999).

[111] RAJASEKAR, A., WAN, M., MOORE, R., SCHROEDER, W., KREMENEK, G., JAGATHEESAN, A., COWART, C., ZHU, B., CHEN, S.-Y., AND OLSCHANOWSKY, R. Storage Resource Broker - Managing Distributed Data in a Grid. *Computer Society of India Journal 33*, 4 (Oct. 2003), 42–54. Special Issue on SAN.

[112] RILLING, L. *Système d'exploitation à image unique pour une grille de composition dynamique : conception et mise en oeuvre de services fiables pour exécuter les applications distribuées partageant des données*. Thèse de doctorat, Université de Rennes 1, IRISA, Rennes, France, novembre 2005.

[113] ROWSTRON, A. I. T., AND DRUSCHEL, P. Pastry : Scalable, Decentralized Object Location, and Routing for Large-Scale Peer-to-Peer Systems. In *Proceedings of the 18th IFIP/ACM International Conference on Distributed Systems Platforms (Middleware 2001)* (Heidelberg, Germany, Nov. 2001), vol. 2218 of *Lecture Notes in Computer Science*, Springer, pp. 329–250.

[114] ROWSTRON, A. I. T., AND DRUSCHEL, P. Storage Management and Caching in PAST, A Large-scale, Persistent Peer-to-peer Storage Utility. In *Proceedings of the 18th ACM Symposium on Operating Systems Principles (SOSP '01)* (Alberta, Canada, Oct. 2001), pp. 188–201.

[115] SAMAR, A., AND STOCKINGER, H. Grid Data Management Pilot (GDMP) : A Tool for Wide Area Replication in High-Energy Physics. In *Proceedings of the 19th IASTED International Conference on Applied Informatics (AI '01)* (Innsbruck, Austria, Feb. 2001).

[116] SANDBERG, R., GOLDBERG, D., KLEIMAN, S., WALSH, D., AND LYON, B. Design and Implementation of the Sun Network Filesystem. In *Proceedings of the USENIX Summer Technical Conference* (Portland, OR, USA, June 1985), pp. 119–130.

[117] SATO, M., BOKU, T., AND TAKAHASI, D. OmniRPC : a Grid RPC System for Parallel Programming in Cluster and Grid Environment. In *Proceedings of the 3rd IEEE/ACM International Symposium on Cluster Computing and the Grid (CCGrid '03)* (Tokyo, Japan, May 2003), IEEE Computer Society, pp. 206–213.

[118] SEYMOUR, K., NAKADA, H., MATSUOKA, S., DONGARRA, J., LEE, C., AND CASANOVA, H. Overview of GridRPC : A Remote Procedure Call API for Grid Computing. In *Proceedings of the 3rd International Workshop on Grid Computing (GRID '02)* (Baltimore, MD, USA, Nov. 2002), vol. 2536 of *Lecture Notes in Computer Science*, Springer, pp. 274–278.

[119] SHEPLER, S., CALLAGHAN, B., ROBINSON, D., THURLOW, R., BEAME, C., EILSER, M., AND NOVECK, D. Network File System (NFS) version 4 Protocol. IETF Request For Comment 3530, Network Working Group, 2003.

[120] SHIRKY, C. What is P2P... and what isn't it ? http://www.openp2p.com/pub/a/p2p/2000/11/24/shirky1-whatisp2p.html, Nov. 2000.

[121] SHOSHANI, A., SIM, A., AND GU, J. Storage Resource Managers : Middleware Components for Grid Storage. In *Proceedings of the 10th NASA Goddard Conference on Mass Storage Systems and Technologies, 19th IEEE Symposium on Mass Storage Systems (MSST '02)* (College Park, MA, USA, Apr. 2002), IEEE Computer Society, pp. 209–223.

[122] SIM, A., GU, J., SHOSHANI, A., AND NATARAJAN, V. DataMover : Robust Terabyte-Scale Multi-file Replication over Wide-Area Networks. In *Proceedings of the 16th International Conference on Scientific and Statistical Database Management (SSDBM '04)* (Santorini Island, Greece, June 2004), IEEE Computer Society, pp. 403–414.

[123] SOYEZ, O. *Stockage dans les systèmes pair à pair.* Thèse de doctorat, Université de Picardie Jules Verne, LaRIA, Amiens, France, novembre 2005.

[124] STOICA, I., MORRIS, R., KARGER, D., KAASHOEK, F., AND BALAKRISHNAN, H. Chord : A scalable peer-to-peer lookup service for internet applications. In *Proceedings of the ACM 2001 conference on applications, technologies, architectures, and protocols for computer communications (SIGCOMM 2001)* (San Diego, CA, Aug. 2001), pp. 149–160.

[125] TATEBE, O., MORITA, Y., MATSUOKA, S., SODA, N., AND SEKIGUCHI, S. Grid Datafarm Architecture for Petascale Data Intensive Computing. In *Proceedings of the 2nd IEEE/ACM International Symposium on Cluster Computing and the Grid (CCGRID '02)* (Berlin, Germany, May 2002), IEEE Computer Society, pp. 102–110.

[126] TATEBE, O., SODA, N., MORITA, Y., MATSUOKA, S., AND SEKIGUCHI, S. GFarm v2 : a grid file system that supports high-performance distributed and parallel data computing. In *Procee-*

dings of the 2004 Conference on Computing in High Energy and Nuclear Physics (CHEP '04) (Interlaken, Switzerland, Sept. 2004), Science Press.

[127] THAIN, D., BASNEY, J., SON, S.-C., AND LIVNY, M. The Kangaroo Approach to Data Movement on the Grid. In *Proceedings of the 10th IEEE International Symposium on High Performance Distributed Computing (HPDC 10)* (San Francisco, CA, USA, Aug. 2001), IEEE Computer Society, pp. 325–333.

[128] THAIN, D., AND LIVNY, M. Parrot : Transparent User-Level Middleware for Data-Intensive Computing. *Scalable Computing : Practice and Experience 6*, 3 (September 2005), 9–18.

[129] TRAVERSAT, B., ARORA, A., ABDELAZIZ, M., DUIGOU, M., HAYWOOD, C., HUGLY, J.-C., POUYOUL, E., AND YEAGER, B. Project JXTA 2.0 Super-Peer Virtual Network. http://www.jxta.org/project/www/docs/JXTA2.0protocols1.pdf, May 2003.

[130] VAHDAT, A., ANDERSON, T., DAHLIN, M., CULLER, D., BELANI, E., EASTHAM, P., AND YOSHIKAWA, C. WebOS : Operating system services for wide area applications. In *Proceedins of the 7th IEEE Symposium on High Performance Distributed Computing* (Chicago, Illinois, USA, July 1998), IEEE Computer Society, pp. 52–63.

[131] VENUGOPAL, S., BUYYA, R., AND WINTON, L. A Grid service broker for scheduling e-Science applications on global data Grids : Research Articles. *Concurrencey and Computation : Practice & Experience 18*, 6 (2006), 685–699.

[132] WEI, B., FEDAK, G., AND CAPPELLO, F. Scheduling independent tasks sharing large data distributed with BitTorrent. In *Proceedings of the 6th IEEE/ACM International Workshop on Grid Computing (Grid' 05)* (Seattle, Washington, USA, Nov. 2005), IEEE Computer Society, p. 8.

[133] WHITE, B. S., WALKER, M., HUMPHREY, M., AND GRIMSHAW, A. S. LegionFS : a secure and scalable file system supporting cross-domain high-performance applications. In *Proceedings of the 2001 ACM/IEEE Conference on Supercomputing (SC '01)* (New York, NY, USA, 2001), ACM Press, pp. 59–59.

[134] ZHAO, B. Y., KUBIATOWICZ, J., AND JOSEPH, A. Tapestry : An infrastructure for fault-tolerant wide-area location and routing. Tech. Rep. UCB/CSD-01-1141, Univeristy of California, Computer Science Division (EECS), Berkeley, CA, USA, Apr. 2001.

[135] ZHOU, Y., IFTODE, L., AND LI, K. Performance evaluation of two home-based lazy release consistency protocols for shared virtual memory systems (OSDI '96). In *Proceedings of the Operating Systems Design and Implementation Symposium* (Seattle, WA, Oct. 1996), pp. 75–88.

[136] *Proceedings of the 1st EGEE Conference* (University College Cork, Ireland, Apr. 2004).

[137] ADSTAR Distributed Storage Manager (ADSM). http://www.almaden.ibm.com/cs/stgsysrv/csadsm.html.

[138] ApGrid project. http://www.apgrid.org/.

[139] Chirp protocol specification. http://www.cs.wisc.edu/condor/chirp/PROTOCOL.

[140] China National Grid project. http://www.cngrid.org/en_index.htm

[141] Le Réseau Européen d'Excellence CoreGRID. http://www.coregrid.net/.

[142] DAIS Working Group. http://forge.gridforum.org/projects/dais-wg.

[143] Data Migration Facility (DMF). http://www.sgi.com/products/storage/tech/dmf.html.

[144] Dolphin Interconnect Solutions Inc. http://www.dolphinics.com/.

[145] eDonkey 2000. http://www.edonkey2000.com/.

[146] Filesystem in Userspace (FUSE). http://fuse.sourceforge.net/.

[147] GÉANT2 project. http://www.geant2.net/.

[148] Grid'5000 Project. http://www.grid5000.fr/.

[149] GridLab : A Grid Application Toolkit and Testbed. http://www.gridlab.org/, 2005.

[150] Grid Remote Procedure Call WG (GRIDRPC-WG). https://forge.gridforum.org/projects/gridrpc-wg/.

[151] Grifi : GridFTP File System. http://grifi.sourceforge.net/.

[152] High Performance System Storage (HPSS). http://www.hpss-collaboration.org/.

[153] Le projet HydroGrid. http://www-rocq.inria.fr/~kern/HydroGrid/HydroGrid.html.

[154] InfiniBand Trade Association. http://www.infinibandta.org/.

[155] JXTA Specification project. https://jxta-spec.dev.java.net/.

[156] Kadeploy. http://www-id.imag.fr/Logiciels/kadeploy/.

[157] KaZaA. http://www.kazaa.com/.

[158] Lightweight Data Replicator. http://www.lsc-group.phys.uwm.edu/LDR/.

[159] Myri-10G and Myrinet-2000 Performance Measurements. http://www.myricom.com/scs/performance/.

[160] MySQL. http://www.mysql.com/.

[161] Norwegian Grid project. http://www.norgrid.no/.

[162] Renater : Le réseau national de télécommunications pour la technologie, l'enseignement et la recherche. http://www.renater.fr/.

[163] SRBfs. http://www.nbirn.net/Resources/Users/Applications/SRBfs/.

[164] Storage Resource Management Working Group. http://sdm.lbl.gov/srm-wg/.

[165] Swedish Grid project. http://www.swegrid.se/.

Une maison d'édition scientifique

vous propose

la publication gratuite

de vos articles, de vos travaux de fin d'études, de vos mémoires de master, de vos thèses ainsi que de vos monographies scientifiques.

Vous êtes l'auteur d'une thèse exigeante sur le plan du contenu comme de la forme et vous êtes intéressé par l'édition rémunérée de vos travaux? Alors envoyez-nous un email avec quelques informations sur vous et vos recherches à: info@editions-ue.com.

Notre service d'édition vous contactera dans les plus brefs délais.

Éditions universitaires européennes
est une marque déposée de
Südwestdeutscher Verlag für
Hochschulschriften GmbH & Co. KG
Dudweiler Landstraße 99
66123 Sarrebruck
Allemagne

Téléphone : +49 (0) 681 37 20 271-1
Fax : +49 (0) 681 37 20 271-0
Email : info[at]editions-ue.com
www.editions-ue.com

www.ingramcontent.com/pod-product-compliance
Lightning Source LLC
LaVergne TN
LVHW042340060326
832902LV00006B/289